慈愛の風

良寛さんの手紙（100通）

杉本武之

考古堂

目　次

はじめに　……………………………………………………… 7

第1部　布　施　………………………………………………… 11

　由之（巣守）宛（1）～（4）　………………………… 13

　橘左門（馬之助）宛（5）～（8）　…………………… 27

　外山（むら）宛（9）～（12）　………………………… 39

　阿部定珍宛（13）～（30）　…………………………… 48

第2部　愛　語　………………………………………………… 91

　解良叔問宛（31）～（42）　…………………………… 93

　解良孫右衛門宛（43）（44）　………………………… 125

　解良熊之助宛（45）　…………………………………… 131

　能登屋（木村）元右衛門宛（46）（47）　…………… 134

　木村周蔵宛（48）　……………………………………… 138

　原田鵲斎宛（49）　……………………………………… 142

　原田正貞宛（50）　……………………………………… 145

第3部　利　行　………………………………………………… 149

　三輪権平宛（51）～（53）　…………………………… 151

　三輪九郎右衛門宛（54）　……………………………… 159

3

三輪左市宛（55）（56） ……………………… 161

維馨尼宛（57）〜（60） ……………………… 166

山田杜皐宛（61）〜（64） …………………… 179

およし宛（65） ………………………………… 190

鈴木隆造（天放老人）宛（66）（67） ……… 193

鈴木陳造（文台）宛（68） …………………… 199

山田七彦宛（69） ……………………………… 201

第4部　同　事 ……………………………………… 205

桑原祐雪宛（70）〜（73） …………………… 207

桑原祐順宛（74） ……………………………… 215

中村権右衛門宛（75）（76） ………………… 217

貞心尼宛（77） ………………………………… 221

斎藤伊右衛門宛（78）〜（81） ……………… 225

隆全宛（82） …………………………………… 234

三浦屋宛（83） ………………………………… 237

大関文仲宛（84） ……………………………… 239

中原元譲宛（85） ……………………………… 243

宗庵宛（86） …………………………………… 246

證聴宛（87） …………………………………… 250

半僧宛（88） …………………………………… 252

大蓮寺宛（89） ………………………………… 254

庸右衛門宛（90）（91）　……………………………………… 256

ちきりや宛（92）　………………………………………………… 260

宛名不明（93）〜（100）　……………………………………… 262

良寛略年譜　………………………………………………………… 279

おわりに　…………………………………………………………… 282

は じ め に

　良寛の手紙を読むのは、本当に楽しい。

　私は、もう20年近く、谷川敏朗編『良寛の書簡集』（恒文社）を愛読してきました。これは大変な労作です。全部で267通が収録されており、その一通一通について、編者の谷川氏は、実に丁寧に解説をしています。どんなに苦労されたことでしょう。その苦労を思うと、頭が下がる思いがします。

　数年前に刊行された『定本　良寛全集』の書簡の部分は、この書簡集を基に作られています。全集には、さらに３通が加えられ、全部で270通が収められています。「現代語訳」が付けられていて、読むのにとても便利です。

　私は、一昨年、良寛の漢詩を100篇選んで七・七調で訳し、『白い雲』という題で私家版として出しました。また、昨年、和歌を100首選んで訳し、『手まりつきつつ』と題して考古堂から出版しました。

　今度は、良寛の手紙を100通選んで訳すことにしました。谷川氏の『良寛の書簡集』から選び、順番もそれに従いました。『良寛の書簡集』には現代語訳がありません。そこで、私訳をする段階で、『定本　良寛全集』を参考にしました。

　手紙の文の表記は、読みやすいように、私の判断で変更してあります。しかし、勝手に、原文に対して、付け

加えをしたり、削除したりしていません。

「原文」「私訳」「人物紹介」「良寛さんの独り言」「付記」という順に書かれています。

「私訳」は、原文の魅力を損ねないように、できるだけ忠実に訳しました。

「人物紹介」は、手紙の宛先の人物がどんな人だったのかを簡単に紹介したものです。

「私訳」だけでは何か物足りないと感じたので、「良寛さんの独り言」という形で、私の感じたことを書きました。私が一番力を入れた部分です。

手紙が書かれた背景など、説明が必要な場合には、「付記」で詳しく解説しました。少し深入りしたものもあって、ごたごたした感じを与えたかも知れません。

100通を4部に分けました。手紙の内容とは無関係に、第1部を「布施」、第2部を「愛語」、第3部を「利行」、第4部を「同事」としました。これらは、道元禅師が、人々を教え導く四つの方法（四摂法）として挙げたものです。

「布施」は、仏法と財物を施すことです。

「愛語」は、いたわりの言葉をかけることです。

「利行」は、善行をすることによって他人の利益を図ることです。

「同事」は、大衆の中に入って、同じ心で同じ事をして仏道に導くことです。

良寛は、四つの方法のうち、特に「愛語」に強い関心

を示しました。

すぐれた思想家であった唐木順三は、不朽の名著『良寛』の中で、こう書いています。

「ほかの布施はおのれには出来ないが、言葉の布施だけは出来る。言葉の本来の使い方、美しい書き方、話し方を自分で実行して、せめてそれを一般の人々、衆生への施し物にしよう、という志が沙門良寛の隠された意志であったろう」

本書は、谷川敏朗編『良寛の書簡集』のおかげで出来上がりました。今は亡き谷川敏朗氏に深甚なる謝意を表します。

また、前著と同じように、息子の荘一に挿絵を描いてもらいました。前の絵を少し変えたものですが、一段と楽しいものになったと思います。

本書を読む人は、良寛さんの100通の手紙を読み進めるうちに、詩歌では窺うことのできなかった、彼の日々の生活や、親族や知人や友人に対する慈しみの思いが少しずつ分かってくるのではないでしょうか。そして、江戸時代に越後の山中で孤独に生きた良寛さんが身近に感じられるようになり、彼のことがますます好きになって行くのではないでしょうか。

なお、良寛は、老若男女に関係なく、「定珍老」「維馨老」というように、宛名の後ろに「老」を付けていました。名前の後に「老」が付いているから、老人に宛てた手紙に違いない、と早合点しないで下さい。

第1部
布　　施

（1）由之（巣守）宛

巣守老　　　　　良寛

　人も、三十、四十を越えては、衰へゆくものなれば、随分御養生あそばさるべく候。

　大酒飽淫は、実に命を切る斧なり。ゆめゆめ過ごさぬようにあそばさるべく候。

　七尺の屏風も、躍らば、などか越えざらむ。

　羅綾の袂も、引かば、などか堪へざらむ。

　おのれ欲するところなりとも、制せば、などか止まざらむ。

《私訳》

　人も、30歳、40歳の坂を越えると、その後は衰えて行くものですから、あなたも、できるかぎり養生に専念して下さい。

　酒と色情に溺れることは、本当に人の命を断ち切る斧のようなものです。絶対に適度を越えないようにしなくてはいけません。

　七尺もある高い屏風だって、思い切って、えいっと跳び上がれば、どうして越えられないことがありましょう。

　引き裂けられそうもない、強い絹で織られた袂だって、力を込めて引っ張れば、どうして引き裂くことができないことがありましょう。

　おのれの欲望だって、堅固な意志で制止すれば、どうして抑えることができないことがありましょう。

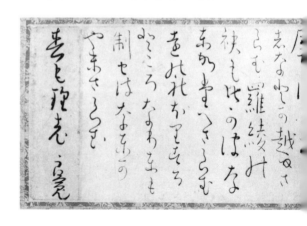

《人物紹介》

由之——良寛の4歳年下の弟。山本新左衛門、または左衛門泰儀といった。宝暦12年（1762）に生まれ、安永6年（1777）に家（出雲崎の名主および神職で、屋号は橘屋）を継いだ。巣守と号した。文化7年（1810）、49歳の時、出雲崎の町民との抗争に敗れ、家財取り上げ・所払いの処分を受けた。その半年前に妻を亡くしており、自棄を起こした由之は、極度に荒廃した生活を送っていた。しかし、良寛からの手紙を読み、生活態度を改めた。諸国を流浪した後、剃髪出家して与板に隠棲し、無花果苑由之と称した。国学、和歌、俳諧、書画などにすぐれ、『くらげの骨』などの文法の著書もある。敬愛する兄の良寛の死を看取った3年後の天保5年（1834）1月13日、73歳で死去した。

「巣守（由之）老」宛　良寛

―《良寛さんの独り言》―

　弟の由之には本当に済まないと思っている。長男の私が、出家しないで、橘屋を継いでいれば、あんなに苦しませないで済んだのだ。彼が今、荒んだ生活をしているのも、元を辿れば、みんな私のせいなのだ。

　弟が、妻のやすを亡くしたのは５月２日だったな。それから、悪いことに、11月には出雲崎の町民との抗争に敗れ、家財取り上げ・所払いの処分を受けてしまった。こうしたことから、彼は自制心を失い、生活も極度に荒れてしまった。

　なんとか立ち直ってもらいたい。彼なら、それができる。そう願って、私は手紙を書いた。

　「七尺の屏風」とか「羅稜の袂」と書いたが、分かってもらえたかな。『平家物語』でも、秦の始皇帝が暗殺されそうになった時に、七尺の屏風を飛び越えて難を逃れた、と書かれている。また、彼の娘が琴を弾いて歌っていた琴歌の中にもこの言葉が使われている。

　人間、本気でやれば、どんなことでもできる。弟よ、自制してくれ。大酒を飲んだり、女色に耽ったりしないで、立ち直ってくれ。

　厳しい言葉を連ねたが、私の心からの願いを読み取ってくれ。

（2）由之（巣守）宛

由之老　　　　　　良寛

此の夏は、誠によろしき気候に候。
古今後集なりとも何なりとも、若き者
の読みて良き歌書、これ有り候はば、一
両巻、お貸し賜るべく候。　　以上。
文月七日　　　　　　良寛

《私訳》

　今年の夏は、本当に過ごし易い、気持ちの良い気候が
続いています。
　『古今和歌集』でもいいし、『後撰和歌集』でもいいし、
その他、何でもいいのですが、年の若い者が読んで参考
になる良い歌の本が、手元に有りましたら、一巻か二巻、
貸していただけないでしょうか。　　以上。
　文月（7月）7日　　　　　　良寛

17

―《良寛さんの独り言》――

　親しい解良叔問さんの息子の栄重さんに、この間、歌の勉強には何の歌集を読んだらいいか聞かれたので、『万葉集』を読みなさい、と答えた。すると、栄重さんは「『万葉集』は難しすぎて、今の私には理解できない」と言うから、「万葉仮名で書かれているし、すらすら読めないのは当然だよ。分かる所だけでいいんだよ」と言った。それから、「『古今和歌集』はまだ良いが、それ以降の歌集は、とても読むに堪えないよ」と言った。

　栄重さんの家にもいろいろな歌集があるだろうが、あした話し合いをした後だし、私が探し出して、貸してあげたいと考えた。しかし、何か歌集を貸してあげようと思っても、身近に本を置いておくことをしない私だから、適当なものを見つけてあげられない。そこで、弟の由之から『古今和歌集』か『後撰和歌集』を借りることにした。

（3）由之（巣守）宛

由之老　　　　　良寛

先日、傷薬、賜り候。文を渡す人の粗相にて、漸く昨日受け取り候。また、山芋、賜り、賞味つかまつり候。

差し当たりて、何も入り用のもの、これ無く候。

この頃、塩入れを貰い候。その形（容器の絵）。その蓋、無く候。栄螺の殻の蓋、よからむと思ひ候へども、この方には無く、その御地にこれ有り候はば、二つ、三つ、賜りたく候。大きなる、よろしく候。（栄螺の絵）。その大きさ（栄螺の殻の絵）。

世の中に　恋しきものは　浜辺なる

栄螺の殻の　蓋にぞありける

蝋八　　　　　　良寛

《私訳》

　先日は、傷薬を贈っていただき、ありがとうございました。書状を渡す使いの人の手違いによって、こちらに届くのが遅れ、ようやく昨日受け取りました。また、山芋も頂戴致しました。大変おいしく味わって食べました。

　今のところ、差し当たり、入り用なものは何もありません。

　さて、最近のことですが、或る人から塩を入れる容器を貰いました。こんな形の入れ物です。（塩入れの絵）。ところが、蓋が付いていないのです。栄螺の殻の蓋がいいと思うのですが、私の住んでいる所では栄螺が採れません。あなたの住んでいる近くの海辺で探し出せるかも知れません。もし、見つかるようでしたら、二つか三つ、戴きたいのです。

　大きければ、大きいほどいいと思います。（栄螺の絵）。その大きさは、この程度のものです。（栄螺の殻の絵）。

　（短歌）

　世の中に、強く心引かれるものが何かあるかと言えば、それは正に、浜辺にある栄螺の殻の蓋なのであります。

　　蠟月（12月）8日　　　　　　良寛

―《良寛さんの独り言》―――――――――

　私も71歳になった。長年暮らしていた国上山を離れて、
今では島崎の木村さんの邸内の庵に住んでいる。

　年を取ってくると、何をするにも、うまくできず、こ
の間も料理をしていて、手を切ってしまった。木村さん
に頼ってばかりいるのは良くないので、弟の由之に頼ん
で傷の薬を送ってもらうことにした。しかし、使いの人
の手違いで、やっと昨日になって届いた。

　一緒に山芋も届いたので、早速食べたが、あれは旨かっ
たな。

　最近、或る人から、塩を入れる容器を貰った。しかし、
蓋が付いていなかった。栄螺の殻の蓋が良いと思って、
由之に探してもらうことにした。何もかも頼んで悪いと
は思うのだが、蓋の無い塩入れも何の役にも立たないか
ら、海岸近くに住んでいる弟に頼むことにした。

　歌も添えておいたが、何となく大袈裟な表現で、由之
も笑うだろうな。

《付記》

　弟の由之は、兄からの手紙を受け取ると、早速、近所
の人々に聞いて回った。しかし、何分、冬のことである
ので、どこを探しても見つからなかった。そのことを良
寛に知らせた手紙が残っている。

「尊書、拝見奉り候。二、三日このかたの風は、珍しき大風にござ候。御庵室の屋根などは無難にござ候や。栄螺の蓋、仰せ越され、近所いろいろと尋ね候へども、夏より秋にかけては沢山なる物ながら、此の節は無き物の由、申し候。今日は、使、急ぎ候まま、ことごとくも捜しかね候。後にて、尋ね候ひて、有り次第に奉るべく候。

　海神の　神に幣して　漁りてん　君が欲する

　栄螺の蓋は

　　　九日

　　良寛さま　　　　　　　　由之」

　この由之の手紙は「九日」付になっているので、兄の手紙を読んで直ぐに、近所の人々に聞いて回ったものと想像される。海辺の人たちは、栄螺は夏より秋にかけてはたくさんあるが、冬の節には無い、と答えた。そこで、由之は、使いの者を待たせておいたので、十分に探すことができなかったから、見つかり次第送る、と返事をしている。

　歌の意味は、「海の神様に捧げ物をして、栄螺の蓋を探してみましょう。あなたがこんなにも欲しがっている栄螺の蓋は、そのうちに見つかるでしょう」といったところであろう。

（4）由之（巣守）宛

由之老　　　　　　　良寛

布団、賜り、恭しく収め参らせ候。
春寒、まことに困り入り候。然れども、
僧は無事に過ごし候。皮癬も、今は、有
るか無きかになり候。

風交ぜに　雪は降り来ぬ　雪交ぜに
風は吹き来ぬ　埋み火に　足差し延べて
つれづれと　草の庵に　閉じ籠もり
うち数ふれば　如月も　夢の如くに
過ぎにけらしも

月読めば　すでに弥生に　なりぬれど
野辺の若菜を　摘まずありけり

御歌の返し

極楽の　蓮のうてなを　手に取りて

我に贈るは　君が神通

いざさらば　蓮の上に　打ち乗らむ

よしや蛙と　人は言ふとも

　弥生二日

《私訳》

　座布団を贈って頂き、謹んでお納め致しました。

　春というのに、この寒さには本当に困っております。

しかし、私は無事に一日一日過ごしています。

　痒い皮膚病の疥癬も、今では、有るのか無いのか分か

らないほど良くなってきています。

　（長歌）

　風交じりに雪が降って来た。雪交じりに風が吹いて来

た。

　囲炉裏の埋み火に脚を差し伸べて、何をするでもな

く、のんびりと草庵の中に閉じ籠もっている。

　指折り数えてみると、もう既に如月（2月）も夢のように過ぎてしまったらしいよ。

（短歌）

　暦の上の月を数えてみると、もう既に弥生（3月）になってしまっているが、今年の春は寒すぎて、野辺に生えている若菜をまだ摘んでいない。

（あなたの歌への返歌）

　極楽往生した人の座る蓮華座（れんげざ）のような立派な座布団を、わざわざ手に取って、この私に贈って下さったのは、あなたの神通力によるものでしょうね。

　ではこれから、蓮華座の上に乗って座ることにしましょう。蓮池で蓮の花の上に乗っかった蛙みたいだ、と他人からからかわれても構いはしません。

　　弥生（3月）2日

―《良寛さんの独り言》――

　私の長寿を祝って、弟の由之から座布団が届いた。有り難いことだ。

　座布団に、こんな歌が添えられていた。

「極楽の　蓮の花の　花びらに　よそひてみませ　麻手^{あさで}小衾^{こぶすま}」

　私は、その返歌として、二首、書き送ったが、喜んでくれたかな。

　さっき、貞心尼^{ていしんに}さんが訪ねて来た。弟からの贈り物を見せたら、「素晴らしい布団ですね」と言っていた。

　返歌も見せて上げた。「二つ目の歌は、おもしろいですね」と言って、大笑いしていた。貞心尼さんは、感受性が鋭いから、歌の意味がよく分かるんだなあ。

　こんなに年を取ってから、貞心尼さんみたいな若くて素敵な女性に巡り会えたなんて、私も運のいい男だと思うよ。

（5）橘左門（馬之助）宛

橘　左門老　　　　　良寛

　『万葉』、十の巻より二十の巻まで、御拝借賜りたく候。

　一の巻より十の巻までは、何卒御貸し置き下さるべく候。これは人の為。

　こよろぎの　磯の便りに
　わが久に欲し　玉垂れの
　小簾の小瓶を　相得てしかも
　　霜月三日　　　　　　良寛

《私訳》

　『万葉集』の十巻から二十巻までを、お借りしたく思います。

　今お借りしている一巻から十巻までは、何卒、このまま続けてお貸し下さい。これは、自分のためではなくて、或る人のためです。

（旋頭歌）

磯辺の町に住むあなたの伝によって、長い間欲しいと
思っていた、雄の小亀のような簾模様の小瓶を、ようや
く手に入れることができ、本当にうれしい。

　　霜月（11月）3日　　　　　　　良寛

《人物紹介》

　橘　左門——良寛の弟の由之の長男。山本次郎左衛門
泰樹、通称・馬之助。出雲崎の名主見習役となり、後に
井之鼻村名主、出雲崎町年寄を務めた。和歌や書にすぐ
れ、北渚または眺島斎と号した。父の由之に先立って、
天保2年（1831）7月に、43歳で死去した。良寛より31
歳年下。

──《良寛さんの独り言》──

　馬之助の所に、江戸の学者の大村光枝さんから贈られ
た『万葉集』がある。素晴らしい寛永本だ。私は、少し
前に、その1巻から10巻までを借りたが、まだ返さずに
いる。

　先日、阿部定珍さんが五合庵を訪れて、その『万葉集』
を手に取り、すっかり気に入ってしまった。是非借りた
い、と言うので、馬之助の許可を得る前に、貸して上げ

てしまった。

　小瓶を贈ってもらったお礼のついでに、自分が読むために後半の10巻も貸して欲しい、と馬之助に頼んだ。

　お礼の旋頭歌は、何となくごたごたした、すっきりしない歌になってしまったな。技巧を嫌う私が、あんな複雑な歌を作ってはいけない。反省、反省。

《付記》

　ここに取り上げられている『万葉集』は、江戸の有名な国学者・大村光枝が、由之、馬之助父子に贈った寛永本を指す。享和元年（1801）、大村光枝は五合庵に良寛を訪ねて、歌の贈答を行った。二人の間で『万葉集』が話題になった。それ以降、良寛は、『万葉集』の魅力に取り付かれ、本格的に研究するようになった。

　良寛は『万葉集』の抄本を作るために、馬之助が持っていた『万葉集』の一巻から十巻までを借りて抜き書きをしていたが、それを見た「或る人」が、もっと読みたくなり、良寛に頼んで、二十巻まで借りようとしたのであろう。この「或る人」は、恐らく、親友の阿部定珍だったと思われる。定珍は、その後、自分も欲しくなり、文化2年版の『万葉集』を購入した。そして、定珍は、その『万葉集』に、良寛に朱注を書き入れてもらった。

　『万葉集』を借りたいという文の後に、良寛は小瓶を馬

之助から贈ってもらったお礼の歌を書いた。長い間欲しいと思っていた小瓶を受け取って喜んだ良寛は、そのお礼に旋頭歌（五七七五七七）を書いて送ったのである。枕詞や序詞や縁語が多用されており、良寛にしては珍しく技巧を凝らした歌になっている。

「こよろぎの」は、「磯」に掛かる枕詞。

「玉垂れの」は、「を」（緒）に掛かる枕詞。

「をす」（小簾）は、「簾」で、「雄」の意味も兼ねる。

「玉垂れの小簾の」は、「小瓶」の序詞。

「小瓶」は、「小さな瓶」と「小さな亀」とを掛けている。

「相」は、接頭語で、動詞に冠して、語勢を添えたり、語調を整えたり、改まった意を添えたりするために使われる。候文に多く用いられる。

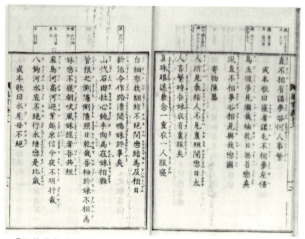

『万葉集』朱注本

（6）橘左門（馬之助）宛

　　　　馬之助老　　　　　　良寛
　　　　うまのすけろう

　ちまき、賜り、珍しく候。
　　　　　たまわ

　私も、今は快気致し候。ご安心下さる
　　　　　　かいき

べく候。

　掛物、よろしく出来候。ちきりやに申

し下さるべく候。

　与板より参り候椅子、便に遣し下さる
　　　　　　　　　　　びん　つかわ

べく候。

　　　五月四日

《私訳》

　粽を贈って頂き、美味しくいただきました。
　ちまき

　私も、今は病気もすっかりよくなりましたので、ご安

心下さい。

　掛物、よく出来上がりました。そのことを、ちきりや

に申し伝えて下さい。

　与板の山田家から届いたという椅子は、使いの者に持

31

たせて届けて下さい。

　　5月4日

─《良寛さんの独り言》─

　5月5日の端午の節句が近づいたので、出雲崎の馬之助の家では粽を作り、それを、年老いた私にも贈ってくれた。有り難く頂戴した。久しぶりに口にしたので、格別に美味しかった。昔のことがいろいろ思い出された。

　少し前に、用があって出雲崎に行った時に、風邪を引いてしまい、しばらくの間、馬之助の所で休ませてもらった。その風邪もすっかり良くなったので、そのことを知らせることにした。

　出雲崎のちきりや由右衛門さんの頼みで、掛物用に字を書いたが、その掛物が立派に出来上がった。そのことを伝えて欲しい、と馬之助に頼んでおいた。

　山田杜皐さんが、禅僧が腰掛ける椅子を出雲崎の実家の方に贈ってくれたということだ。その大切な贈り物の椅子を使いの者に届けさせてもらうことにした。

　　《付記》

　「ちきりや」については、261ページの《人物紹介》を参照してほしい。

（7）橘左門（馬之助）宛

　　　橘　左門老　　　　　良寛

　此の度、地蔵堂へ参り候につき、富取
へ参り、娘のこと承り候。

　主人の申され候は、娘も今年十一に成
り候。まだ幼年の事に候まま、手離す了
簡ござ無く候。それ故、何方より申し参
り候ひても、みな辞退つかまつり候。
十七、八にも成り候はば、所存もこれ有
るべく候。

　そのおもむき、よくよく通達してくれ
よとの事に候。　早々。　以上。

　　三月二十九日

《私訳》

このたび、地蔵堂へ行きましたので、富取家を訪れて、そこの娘さんのことを聞いて参りました。

主人はこう申されました。

「娘は、今年、11歳になったばかりで、まだ幼少すぎますので、手離すつもりは少しもありません。そんな訳で、どこから縁談を申し込まれても、すべてお断りしております。17か18歳にでもなれば、嫁に出してもいい、という考えも生まれるでしょう。そうした事情をよくよくお伝えください」　早々。　　以上。

　3月29日

─《良寛さんの独り言》─

少し前に、馬之助から、息子の泰世（やすとき）の嫁のことを頼まれた。

馬之助の所も、女房が死んでしまい、女手が必要なんだろう。長男の泰世も16歳だし、そろそろ嫁を貰ってもいい年頃だ。

先日、地蔵堂（現・燕市）の大庄屋・富取武左衛門（たけざえもん）さんの所に行った。あそこの五女のていちゃんは、本当に素直な娘だ。私は、ああいう子が好きだ。泰世の嫁にぴったりだ、と私は考えた。そして、その話を切り出した。

しかし、まだ11歳だったとは。こちらが迂闊（うかつ）だった。

びっくりされたように、私の顔をじっと見ながら、武左衛門さんは、済まなさそうに申されたな。

「娘は幼すぎますから、良寛さまが申されても、まだ嫁に出す気持ちはありません。良寛さまだけでなく、どこから頼まれても、同じでございます」

私は、どうも世間の事情に疎すぎるようだな。そう言えば、あの娘は、この間まで、私と手まりつきで遊んでいたんだ。本当に可愛い娘で、泰世の嫁にいいと思ったが、今回は、私の失敗だったな。

《付記》

富取武左衛門の娘の「てい」は、後に、同じ地蔵堂で、富取家の分家に当たる、資産家の富取武兵衛家へ嫁入りした。

また、泰世は、この話の5年後に、越後高田藩士の娘・坂田蝶（17歳）と結婚した。

しっかりしているようで、どこか常識離れしたところのある良寛の人間性がよく分かるエピソードである。

尊敬する良寛から、突然、幼い娘の縁談を持ち込まれた富取家の主人は、どんなにか驚き、そして、どんなにか返答に窮したことであろう。

（8）橘左門（馬之助）宛

橘　左門老　　　　　　良寛

　先日残しおきなされ候唐紙、捲、並びに掛物、このたびお返し申し候。

　御薬は、服用つかまつり候へども、しるし無く候まま、もし用い様もござ候はんと思ひ候へば、余りは遣し候。

　さて、しけの病は、人の教へ候ゆえ、キウリの根を煎じて服し候へば、平癒致し候。

　　七月十一日

《私訳》

　先日、私のところに残したままにされていた唐紙、捲、ならびに掛物を、このたびお返し致します。

　頂戴した薬は、服用しましたが、効き目が現れませんので、もし、そちらでお使いになることもあろうかと思い、余った分はお返しします。

さて、私の浮腫（むくみ）の病気は、人が教えてくれたやり方に従って、キュウリの根を煎じて飲んでみましたところ、ちゃんと治癒しました。

　　7月11日

《良寛さんの独り言》

　馬之助から頼まれていたが、書き終えたので、唐紙、捲、掛物を送り届けることにした。

　この夏は体調が悪く、私の病気を心配して、馬之助が薬を持参してくれた。5日ほど服用したが、どうも効き目が現れて来ない。大切な薬だろうから、残った分を返すことにした。

　浮腫の方は、親切な人が教えてくれたように、キュウリの根を煎じて飲んだら、少し良くなった。そのことを、馬之助に知らせることにした。

　馬之助の呉れた薬は効き目が無かったが、他の人が教えてくれた方法は効き目があった、と書いたが、馬之助の気分を害することは無かったかな……。

《付記》

　「唐紙」は、中国で製造された紙を言うが、国産の和唐紙をも言う。墨の吸収がよいので、書画用にする。「捲」は、表装しないままにしてある書画。唐紙、捲、掛物のいずれにも、良寛の筆跡がしたためられていたと思われる。それらを、甥に返却したのである。

　恐らく、この手紙は、良寛が死ぬ前年の7月に書かれたものと思われる。病気見舞いに島崎の木村家の庵を訪れた馬之助は、その時に、薬を持参した。しかし、その薬を飲んだが、効き目が現れなかったので、良寛は、掛物などと一緒に、甥に返した。

　良寛は、翌年の1月6日に直腸癌で亡くなるのであるが、前年の夏頃から浮腫が現れていたと思われる。親切に教えてくれる人がいたので、良寛は、キュウリの根や茎を乾燥させて、それを煎じて服用してみた。「平癒した」と書かれているが、少し浮腫が取れた程度であったと思われる。

　「しけ」は、浮腫の方言である。

（9）外山（むら）宛

酒屋　外山　　　　　良寛

口上
　着り物は、洗濯あそばされ候ひても、後でお打ちくださるまじく候。打った着物は、弱りもし、冷やついて悪しく候。
　　四月三日

《私訳》

　　口上
　そちらに預けてある私の着物は、洗濯しても、その後で小槌で打ったりなさらないで下さい。打った着物は、生地が弱りもしますし、着た時に、ひんやりして着心地が悪いからです。
　　4月3日

《人物紹介》

　外山——２歳年下の妹の「むら」は、寺泊の外山弥惣
右衛門と結婚した。弥惣右衛門は寺泊の回船問屋で、酒
造業も営んでいた。大庄屋を務め、文政７年（1824）３
月に68歳で亡くなった。むらも、同じ年の12月に65歳で
死去した。良寛より２歳年下。兄思いの、心の優しい妹
であった。

――《良寛さんの独り言》――

　独り住まいの私にとって、五合庵からあまり離れてい
ない所に、よく気の利く妹がいることは、本当に有り難
いことだ。

　むらは、私の衣服の整理や洗濯、日用の品物など、さ
りげなく心くばりをしてくれている。季節の変わり目に、
私の汚れた着物を預かっていて、その折ごとに洗濯をし
てくれる。

　しかし、洗ってもらうのはいいが、生地を柔らかくし
たり、つやを出すために小槌で打つのは止めてほしいな。
私は、どこまでも無一物の乞食僧として生きようと努め
ている。汚れさえ落ちれば、それで良い。それ以上のこ
とは必要ない。

　しかし、折角その気になっている妹に、そんなことは
余分だと直截に言えば、妹は気を悪くするだろう。

そこで、私は、良いことを考えついた。小槌で打つと、生地も弱るし、着た時に冷やついて困るから、洗ってもらうだけでいい、と言えば良い、と考えたのだ。
　賢い妹のことだ、私の意図するところを、きちんと分かってくれるだろう。

寺泊の外山家　菩提寺、日蓮宗法福寺　山門

(10) 外山 (むら) 宛

外山氏 (とやまうじ)　　　　良寛

　寒さにまかりなり候へども、お変はり
なうお暮らしあそばし、めでたく存じ参
らせ候。
　冬衣 (ふゆごろも)、でき候由 (よし)、先日仰 (おお) せられ候。此
の者に遣 (つかわ) され給はるべく候。　　かしこ。
　九月十九日

《私訳》

　寒い季節になりましたが、お変わりなくお暮らしなさ
れていることと、めでたく存じます。
　冬の着物が出来上がったと、先日、おっしゃいました
ね。その着物を、この使いの者に渡してやって下さい。
　かしこ。
　9月19日

《良寛さんの独り言》

　むらは、私のことをいろいろ心配してくれる。身辺に物を持たない私のために、冬になれば冬の着物を、夏になれば夏の着物をというように、季節に応じて、細やかな心遣いをしてくれる。有り難いことだ。
　私も、この２歳年下の妹に心安さを感じて、遠慮なく頼み事をしてしまう。どんなに感謝しても、感謝しきれない。

寺泊　法福寺　本堂

（11）外山（むら）宛

　　　外山（とやま）　　　　　良寛

　この間（あい）、寒さいや増（ま）しに候へども、こと無（な）う打ち暮らし参らせ候。
　今朝は、綿子（わたこ）、山の芋、海苔、干瓢（かんぴょう）、賜（たまわ）り、相（あい）届き候。
　先頃（さきごろ）は、足袋（たび）、届き候。　　早々。
　かしこ。
　　　霜月（しもつき）十日　　　　　　良寛

《私訳》

　このところ、寒さが一段とますます厳しくなりましたが、私は、何事もなく元気に暮らしております。
　今朝は、綿入れ、山の芋、海苔、干瓢を頂戴しました。品物は、ちゃんと届きました。
　先日は、足袋も届きました。　早々。　　かしこ。
　　霜月（11月）10日　　　　　　良寛

44

┌─《良寛さんの独り言》─────────────────┐

　寒さが一段と厳しくなって来た。しかし、寒さにも負けず、私は元気だ。
　今朝、妹のむらから、綿入れなどいろいろな物が届けられた。山芋、海苔、干瓢など、私の好物を贈ってくれた。有り難いことだ。
　少し前には、足袋も贈ってくれた。むらの足袋を履くと、足がほかほかと暖まって、本当に気持ちが良い。
　綿入れを着て、そして、足袋を履いて、この冬を凌いで行こう。

└─────────────────────────┘

良寛の妹・外山むらの墓

（12）外山（むら）宛

外山氏　　　　　　　良寛
（とやまうじ）

此の袷、春までに洗濯なし下さるべく
（あわせ）
候。

先日は、枕掛け、並びに下着、お贈り
下され、相届き申し候。
（あい）

枕掛けは、留め置き候。
（とど）

此の冬は、着物、たくさんに候まま、
下着はお返し申すべく候。　　かしく。

十一月二十日　　　　　　良寛

《私訳》

　この袷の着物は、春までに洗濯をしておいて下さい。
　先日は、枕掛け、ならびに下着をお贈り下さいました。
確かに届きました。
　枕掛けは、手元に留めて置きます。
　この冬は、着る物がたくさん有りますので、下着はお
返し致します。　　かしこ。
　11月20日　　　　　　良寛

―《良寛さんの独り言》―

　私は、かさ張らない小さな物は、自分で洗うが、袷のような大きな着物は、妹のむらに頼んで洗濯してもらうことにしている。自分で洗うと、しわしわになって、縮んでしまって、後で困るのだ。むらも、「大きな物は私に出しなさい」と言ってくれるので、遠慮なく頼んでいる。
　先日、枕掛けと下着を贈ってくれた。
　枕掛けは必要なので貰っておくが、下着は返すことにした。今、冬用の下着はたくさんあるので、直ぐに返すことにしたのだ。必要のない物は全て、身辺に置かないようにしているので、余分な物は直ぐに返した方がいい。

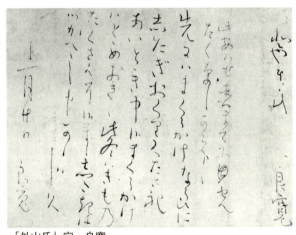

「外山氏」宛　良寛

(13) 阿部定珍宛

定珍老　　　　　　良寛

　年始の御祝儀の品々、贈り下され、恭しく受納つかまつり候。

　年内は、御外行あそばされ、定めてお取り込み、察し入り候。

　今日は、使の人、急ぎ候あひだ、御歌の返事も上げず候。

　是は此の間の使に候。　　以上。

　　正月四日

《私訳》

　お年始のお祝いの品物を数々贈って下さり、謹んで受け取りました。

　昨年は、他国（江戸）へ旅に出られ、さぞかし家の中もごたごたして大変だったろうとお察し致します。

　今日は、使いの人が帰りを急いでいますので、先日見せていただいた和歌のお返しも差し上げることができま

せん。

　この使いの人は、先日の使いの人と同じ人です。

　以上。

　正月（1月）4日

《人物紹介》

　阿部定珍──渡部（現・燕市）の庄屋で、酒造業を営んでいた。通称は、阿部酒造右衛門。和歌、詩文を好み、良寛と深く交際していた。天保9年（1838）6月、四国の霊場巡拝の途中、土佐の国で死去した。60歳だった。良寛より21歳年下。

　良寛から送られた手紙が48通も残されている。

　阿部家は、良寛の庵室からあまり遠くない所にあった。年齢は離れていたが、定珍は良寛を非常に尊敬していた。そして、貧しい良寛に、熱心に物を贈っていた。

――《良寛さんの独り言》

　定珍さんから、お年始のお祝いの品物をたくさん頂戴した。

　定珍さんは、例の訴訟のことで江戸の奉行所に出かけて来た。帰って、まだ日が浅いうえに、すぐに正月を迎え、家中、ごたごたしていることだろう。

　正月で、使いの人が帰りを急いでいたので、定珍さんの和歌に対する返歌も作れないまま、単なる受け取り状のような手紙を書いて手渡した。

　春になったら、ゆっくりと訪問して、感謝の気持ちを伝えよう。

《付記》

　「御外行」とは、江戸への旅を指すと思われる。この頃、詳細は分からないが、或る訴訟問題で、定珍は江戸の奉行所まで出向かなくてはならなかった。その問題も解決しないまま、慌ただしく正月を迎えたのであろう。良寛も手紙の中で、「定めて御取込み、察し入り候」と書いている。

(14) 阿部定珍宛

御紙面拝見つかまつり候。

お風邪の由、いかが候や。

御歌、猶ゆるゆる拝見つかまつるべく候。

百合、酒、納豆、恭しく受納つかまつり候。

『万葉集』、十巻、お返し申し候。

近き便に、初十巻、お貸しくださるべく候。

俄に便、これ有り候あひだ、何事も急ぎ、申し残し候。　　以上。

　　正月七日　　　　　　　良寛

　　明日は元日と云ふ夜

　何となく　心さやぎて　いねられず

　明日は春の　初めと思へば

《私訳》

　お手紙を拝見致しました。

　お風邪を引かれたそうですが、その後、如何でしょうか。

　あなたのお歌は、もう少しゆっくりと拝見致したいと思います。

　百合根、酒、納豆、謹んで受け取りました。

　前に借りていた『万葉集』の10巻分をお返し致します。

　近々にこちらに参る便がございましたなら、『万葉集』の初めの方の10巻を貸して下さいませんか。

　使いの人が突然やって来られたので、あれもこれもと急いでしまって、言いたいことも十分に書き記すことができませんでした。　以上。

　　正月（1月）7日　　　　　　　良寛

　明日はいよいよ元日だという夜に作った歌。

　何となく心が落ち着かなくて、眠ることができない。

　明日は年の初めの日だと思うと、嬉しくて嬉しくて、とても眠ることなどできない。

―《良寛さんの独り言》―

　定珍さんから、例年のように、年賀の品々が届いた。大好物の百合根と酒と納豆だ。嬉しいことだ。
　風邪を引かれたと書いてあったけど、もう良くなられたかな。
　定珍さんから見てもらいたいと言って渡されていた和歌は、正月気分が去って、心が落ち着いてから、ゆっくりと拝見することにしよう。
　定珍さんが文化2年版の『万葉集』を買った時に、私は、後半の10巻を借りたが、もう読んでしまった。きっと、定珍さんも、前半の10巻を読み終えているんじゃないかな。少しでも早く読みたいので、近いうちに送ってもらうように頼んだが、一寸失礼じゃなかったかな。
　大晦日に作った歌を書き添えたが、気に入ってもらえるといいのだが……。

良寛の鉢の子

(15) 阿部定珍宛

定珍老　　　　　良寛

此の薬は、三条より、近づきの医師参り候あひだ、淋病の話致し候へば、使に持たせ遣し候。

お用ゐあそばされ、様子をご覧じ下さるべく候。　　以上。

六月十七日　　　　　　良寛

《私訳》

　この薬は、懇意にしている医師が、三条からやって来た折に、私が、淋病のことを話したところ、後で使いの人に持たせて届けてくれた薬です。

　ご使用なされて、効き目があるかどうか、しばらくの間、様子をごらんになってみて下さい。　以上。

　6月17日

┌─《良寛さんの独り言》───────────

　定珍さんが、この暑い盛りに、尿道炎に罹られてしまっ
た。

　昨日、たまたま、懇意にしている医師の佐藤元昌さん
が、三条から五合庵にやって来られたので、尿道炎に効
く薬はないか、と聞いてみた。すると、直ぐに薬を使い
の人に持たせて届けてくれた。あの人は名医だから、きっ
と良い薬を調合してくれたに違いない。

　定珍さんに飲んでもらって、効き目があるか、様子を
見てもらうことにした。

　私も、以前、何回か、膀胱炎で悩んだことがあった。
おしっこをすると、針で刺したような鋭い痛みが伴って、
本当に苦しかった。ひどい時には、おしっこに血が混じ
ることもあり、あの時は、本当に辛かったな。

└─────────────────────────

《付記》

　およそ１カ月後の、７月13日付けの手紙に、「御淋疾も
よろしき由、珍重」とあり、定珍の病気が快方に向かっ
たことが分かる。

　なお、昔は、一般に、尿に関する病気を「淋病」と言っ
ていたようである。

55

(16) 阿部定珍宛

　　　　定珍老　　　　　　　良寛

　先日は、飯米、野菜、贈り下され、恭
しく拝受つかまつり候。
　暑気にて、鉢には出られず候へども、
寺泊外山に、托鉢の米、余程あつらへお
き候あひだ、ご心労下されまじく候。
　以上。
　　　七月一日　　　　　　良寛

《私訳》

　先日は、米と野菜を贈って下さり、謹んで拝受致しま
した。
　厳しい暑さのために、托鉢に出掛けることができませ
ん。
　しかし、寺泊の外山家には、私が今までに托鉢で回っ
て頂戴して来た米が、かなり蓄えてございますので、ご
心配下さいませんように。　　　以上。
　　　7月1日　　　　　　良寛

― 《良寛さんの独り言》 ―

　また定珍さんが、お米と野菜を贈って下さった。嬉しく受け取った。

　この頃は、あまりの暑さのために、外に出て、托鉢することができない。それを心配して、定珍さんは、乞食(こつじき)に出られない私が、食べる物に事欠くといけないと思われて、いろいろ贈って下さるのだ。有り難いことだ。

　しかし、猛暑に備えて、春の間に托鉢で恵んで頂いたお米を、寺泊のむらの所で預かってもらっている。食べ物が無くなれば、寺泊に行けば、お米を手にすることができる。そのことを、定珍さんに知らせておいた。

　冬の豪雪も困りものだが、夏の猛烈な暑さも、本当に困ったもんだなあ。

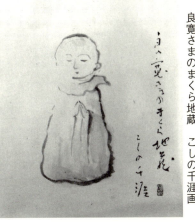

良寛さまのまくら地蔵　こしの千涯画

（17）阿部定珍宛

定珍老　　　　　良寛

九日の朝の御斎、参上つかまりたく候。
然しながら、独り身のことに候あひだ、
いかやうの事、これ有り候ひて、違ひ候
とも、人を以てお知らせ申し候ことも致
しかね候。

且つ、老病の身の上に候へば、ご推察
下さるべく候。

明日は、人に約束致し候事、ござ候あ
ひだ、参上致しかね候。

飯乞ふと　我が来て見れば　萩の花
砌しみみに　咲きにけらしも

八月朔日　　　　　良寛

酒一台、茄子一籠、並びに法帖、菜、
恭しく受納つかまつり候。

《私訳》

　9日の朝の法事には参上したいと思っています。

　しかしながら、なにしろ私は独り身の者です。いつ何時、予期しないことが起きて、約束したことが守れなくなっても、人に頼んで、そのことをお知らせできない場合があります。

　しかも、老いて病気がちの体ですので、万一の場合もあり得ることをご推察して頂きたいと思います。

　明日のことですが、或る人と約束したことが有りますので、お宅に参上することができません。

　（短歌）

　托鉢のために、私がこの家に来てみたところ、萩の花が、庭一面に、隙間も無く咲き繁っていたことよ。

　　　8月1日　　　　　　　良寛

　樽酒(たるざけ)1台、茄子1籠、そして、習字の折本(おりほん)、野菜も謹んで受け取りました。

庭一面の萩の花

59

《良寛さんの独り言》

　どうも、この所、体調が悪くて、気分もすぐれず、イライラして困る。

　定珍さんのお父さんが亡くなった、と知らせてきた。9日に葬儀が執り行われるので、私も来てもらいたいとのことだ。とても断ることはできず、承知した。

　しかし、私は、誰とでも約束することが嫌いだ。これからのことなど、誰も分かるはずがない。人間、いつ死ぬかも知れない。何が起こるか、分かったものではない。それなのに、人間は、軽々しく約束してしまう。私は、そうしないように心掛けてきた。そんな訳で、定珍さんへの手紙に、つい厳しい書き方をしてしまった。

　私も、もう67歳の高齢だ。いつ死んでも、不思議ではない。

　定珍さんのお父さんがご健在の頃、托鉢でお宅に立ち寄ると、萩の花が庭一面に咲き誇っていたことを思い出した。そのことを詠んだ歌を添えておいた。

　そうそう、こんな時にも、定珍さんは、お酒や茄子、それに法帖や野菜を贈って下さった。追伸という形で、お礼を述べておいた。

《付記》

　良寛は、軽々しく約束することを嫌っていた。解良栄重は『良寛禅師奇話』の中で、次のように書いている。

　「師、能く人の為に病を看、飲食起居、心を尽くす。又、能く按摩し、又、灸を据ふ。人、明日、我が為に灸せよ、と云ふ。師、明日のことと云ひて、敢て諾せず。軽諾、信少なきが為か、又、生死、明日を期せざるの故か」

　（大意―良寛禅師は、托鉢の途中でも、病人がいると聞くと、看病したり、病人の飲食や日常生活の様子に気を使っていた。また、疲れた人がいれば、按摩をしてあげたり、灸を据えてあげていた。人から「明日もまた来て、お灸を据えてくれませんか」と言われると、師は「明日のことは……」と、口を濁して快諾することはなかった。軽々しく約束するのは信用の置けない行為ということなのか、あるいは、自分が生きているのか死んでいるのか明日になってみないと分からない、という理由からなのだろうか）

（18）阿部定珍宛

定珍老　　　　良寛

　先頃、ひさびさ御意を得、喜悦、斜め
ならず候。

　其の折柄、暮れ当たりて、強ひて御帰
し申し候。はなはだ心ならず候。

　これは、僧も、病中に、物にうるさく、
御まかなひ、知何ばかり御不自由にあら
んと思ひ候へば、わりなくも御帰し申し
候。御意にかけ下さるべからず候。

　近中に、天気を見合せ、一日、御来臨
待ち入り候。

　あまり食事進まず候あひだ、梅干、御
蓄ひ御座候はば、少々賜りたく候。

　以上。

　　十月十日

《私訳》

　先日は、久しぶりにお目にかかることができ、私の喜びは一通りではありませんでした。

　しかし、ちょうど夕暮れに掛かったために、無理やりに帰ってもらいました。とても心苦しく思っています。

　と言いますのも、私も、病気の時は、どうしても気難しくなり、おもてなしをしましても、どれほどかご不自由な思いをなさるであろうと思って、やむを得ず、お帰りになってもらったのです。そういう訳ですので、お気になさらないようにお願いします。

　近いうちに、天気の様子を見計らって、１日掛かりでお越し下さるようお待ちしています。

　あまり食が進みませんので、もし、梅干の蓄えが有りましたなら、少し分けて頂けませんか。　以上。

　10月10日

《良寛さんの独り言》

　定珍さんが久しぶりに訪れてくれた。本当に嬉しかった。

　しかし、その日は、風邪を引いていて、体調が悪かった。熱も高く、気分もすこぶる悪く、とてもおもてなしできる状態ではなかった。夕暮れ時でもあり、無理を言って、早々と帰ってもらった。何となく気分を害されていたよ

63

うな気がしたので、その訳を詳しく手紙で述べておいた。

　近いうちに、天気の良い時に来てもらって、1日中、ゆっくりと話し合いたいものだ。

　風邪のため、食欲が無くなってしまった。梅干でもあれば、食も進むと思う。しかし、梅干の蓄えが無くなったので、定珍さんに分けてもらうように頼んだ。

　《付記》

　この手紙の後ろに、定珍の手で詞書きと和歌が書かれている。

　「庵室より帰りける夜、雨のいたう降りければ、かくの如く詠みて、上人（しょうにん）の許（もと）に遣（つか）はしけり。

　　　夜もすがら　しぐれの雨の　いたう降る

　　　山の紅葉は　散りも果てなん」

　良寛からの、先日のお詫びが書かれた手紙を読んで、定珍は、その訪問時のことを思い出しながら、良寛の優しさに心を打たれた。そして、山の中で独り寂しく暮らす良寛のことを思い、歌を詠み、それを良寛の許に送り届けた。それから、備忘のためもあってか、良寛の手紙の後ろの余白に書き記しておいたのであろう。

　二人の親交がいかに深かったかが、よく分かる手紙である。

(19) 阿部定珍宛

　　　　定珍老　　　　　　良寛
　　　　(さだよしろう)

　此の味噌、風味には難無く候へども、
　　　　　(ふうみ)　　　　　(なん)
余り鹹く候あひだ、何卒お換へ下された
　(しおはや)　　　　　(なにとぞ)　(か)
く候。　　早々。　　以上。

　　十月二十二日

《私訳》

　この味噌は、風味には難点は無いのですが、余りにも
塩辛くて堪りません。どうか、定珍さんの所の味噌と交
換して下さいませんでしょうか。　早々。　　以上。

　　10月22日

┌─《良寛さんの独り言》─────────────────┐
│
│　私が腕に縒りをかけて作った今年の味噌は、味は良い
│　　　　　(よ)
│のだが、塩辛くて堪らない。定珍さんの所の味噌は、そん
│なことはないだろうから、少し交換してもらうことにし
│た。
│　どうも私は、大豆を煮る時に、塩を入れ過ぎてしまう
└

65

ようだ。注意はしているのだが、つい塩を多めに入れて
しまう。

《付記》

　これと似た内容の定珍宛の手紙が、いくつか残っている。
「今日、人を遣（つか）し候。何卒、味噌、少々お換へ賜（たま）るべく候」
「今年の味噌も、ちと塩辛く候あひだ、何卒、少々おん
換へ賜りたく候」
　味噌を塩辛く作ってしまうと、良寛は、親友の定珍に
「味噌を下さい」と言わずに、「私の味噌と交換して下さ
い」と言っている。
　こうしたささいな事に対しても、人に媚びたり甘えた
りする態度を取らなかった良寛の生きる姿勢が見られて、
非常に興味深い。
　それと同時に、何をやっても、どこか抜けたところの
ある良寛らしさが表れていて、微笑ましい。その憎めな
い、浮世離れした生き方に、定珍を始め多くの人たちは、
魅了されたのであろう。

(20) 阿部定珍宛

定珍老　　　　　良寛

此の間の寒気、まことに堪へがたく候。
然らば、『趙州録』一巻、御家にこれ
有り候はば、遣され下されたく候。

以上。

十一月七日

《私訳》

　このところの寒さは、まことに堪え難いものです。
　そこで、お願いですが、『趙州録』一巻、お宅に所持
なさっておられるなら、貸していただけないでしょう
か。　　以上。
　11月7日

┌─《良寛さんの独り言》─────────────

　このところの寒さは格別だ。囲炉裏の焚火や炭火だけ
では、この寒気にはとても堪えることができない。
　一日中、五合庵に閉じ籠もっていて、托鉢にも出掛け

られない。

　私は、書物を所持していないので、急に読みたくなった時には、本当に困ってしまう。今日も、突然、『趙州録』が読みたくなった。定珍さんの家には有るのではないかと思って、借用をお願いした。

《付記》

　『趙州録』は、中国の唐の時代に生きた趙州禅師の語録である。若い頃から良寛の愛読書であった。この書物の中の次の文句を、良寛はよく揮毫した。

　「三世諸仏無仏性、一切衆生有仏性」（三世の諸仏に仏性が無く、一切の衆生に仏性が有る）

　仏性は外に在るのではなく、今ここに生きている自己の内に在る、といった意味である。

　越後に戻って来てからは、良寛は殆どの書物を他家から借りて読んでいた。借りている間に、その本の大切な箇所を的確に把握し、記憶し、心の中で何回も咀嚼して、完全に自分のものにした。良寛は、抜群の記憶力と集中力を持っていたのである。

(21) 阿部定珍宛

定珍老　　　　　　良寛

『古訓抄』、長々ご拝借候つかまつり、有り難く存じたてまつり候。

王羲之石拓、当時ご入り用ござなく候はば、御拝借願ひたてまつり候。　早々。以上。

十二月九日

今年の味噌も、ちと塩辛く候あひだ、何卒少々おん換へ賜りたく候。

《私訳》

『古訓抄』を長い間拝借していて、本当に有り難うございました。

王羲之の法帖が今必要でございませんでしたら、どうか私に貸していただけませんでしょうか。　早々。　以上。

12月9日

今年の味噌も、少し塩辛くなってしまいました。お願

いですから、少し交換してもらえないでしょうか。

《良寛さんの独り言》

　『古訓抄』を長く借りてしまった。ようやく読み終えたので、定珍さんに返すことにした。

　王羲之の法帖を貸してもらうように頼んだ。王羲之の草書と隷書は素晴らしい。

　今年の味噌も、どうも少し塩辛くなってしまった。どうして、こうも何度も何度も同じ失敗を繰り返してしまうのだろう。恥ずかしいけれど、今度もまた定珍さんの所の味噌と交換してもらうことにした。

《付記》

　『古訓抄』は、熊野弘毅の著で、文化2年（1805）刊である。『日本書紀』の歌の注釈本である。

　王羲之は、中国東晋の書家で、書聖と言われている。

(22) 阿部定珍宛

定珍老　　　　　　　良寛

仰せの如く、厳寒、まことに困り入り候。

此の頃は、少々うちくつろぎ候。

王羲之法帖二巻、お返し申し候。下巻、お貸し下されたく候。

過ぎし頃は、束子、賜り候。実に妙に候。今にうち忘れ、御礼申し上げず候。

頓首。

　十二月二十二日　　　　　　　良寛

尚、味噌、少々お換へ下さるべく候。

《私訳》

　定珍さんのおっしゃいますように、この厳しい寒さには、まことに困り切っております。

　しかし、ここ数日は、少々くつろぐことができるよう

になりました。

　王羲之の法帖二巻をお返し申し上げます。どうか下巻をお貸し下さい。

　過日は、束子を頂戴しましたが、実に使い心地が良くて、素晴らしい束子です。つい忘れていて、今日までお礼を申し上げないでおりました。　頓首。

　　12月22日　　　　　　　良寛

　尚、味噌を少しばかり交換して下さいませんか。

　　―《良寛さんの独り言》――

　定珍さんの言われるように、この頃の寒さは格別だ。しかし、ここ数日は、少し寒さが緩んで、何となく過ごしやすい気がする。

　定珍さんの持っておられる王羲之の法帖は、実に素敵だ。下巻も貸してもらうように頼んだ。

　お礼を言うのが遅くなったが、前に頂戴した束子は、棕櫚の毛で作られており、藁で作った束子とは違って、汚れもよく落ちるし、本当に使いやすい。

　また、味噌の交換を頼んでしまった。笑われるかな……。

(23) 阿部定珍宛

　　　　定珍老　　　　　良寛
　　　　さだよしろう

寒気も少し緩み候。
　　　　　　ゆる

如何お暮らし遊ばし候や。
いかが

僧も、久しく風邪にて臥せり、御消息
　　　　　　　　　ふ　　　　ごしょうそこ

も承らず候。
うけたまわ

何卒、『古事記』、御恩借、賜りたく候。
なにとぞ　　　　　　ごおんしゃく　たまわ

　　早々。

　　師走二十八日

《私訳》

　寒さも少し緩やかになりました。
　どのようにお過ごしでいらっしゃいますか。
　私も、長い間、風邪を引いて、寝込んでおりました。
そのために、その後のあなたのご様子をお伺いすること
ができませんでした。
　どうか、『古事記』を貸していただけないでしょうか。
　　早々。
　　師走（12月）28日

73

《良寛さんの独り言》

　春に向かい、寒さも少し緩んできたようだ。

　定珍さんは、元気で暮らしておいでだろうか。

　私の風邪も長引いた。そのため、床から出られず、ど
こにも手紙を書くことができなかった。やっと、今日、
定珍さんに手紙を出すことができた。

　急に『古事記』が読みたくなった。昔の『古事記』や『日
本書紀』の中の歌は、素朴で、本当に貴いものがある。

　私も、ああした純朴な歌を作りたいものだ。

《付記》

　良寛は、『古事記』や『日本書紀』といった日本の古代
文学を深く読んで、自己の思想や文学を形成していた。
そればかりではなく、中世、近世の文学や、近世の国学
にも精通していた。

　その知識欲や博学には、ただただ驚くばかりである。
しかも、手元に本を蓄えておかずに、必要な時には、他
人から借用していたのである。

(24) 阿部定珍宛

定珍老　　　　　良寛

　歳暮として、酒、野菜、品々賜り、拝
受つかまつり候。
　殊に、御歌、感吟つかまつり候。
　暮に差し当たりて、使の人、急ぎ候故、
御返しは永春の時を期し候。
　さて、私も、此の風邪にて大いに痛み、
此の世のものとは覚へず候ひしが、三両
日は少々快気つかまつり候。

十二月二十九日　　　　　良寛

《私訳》

　お歳暮として、酒、野菜などいろいろな品々を頂戴し、
謹んで受け取りました。
　とりわけ、あなたの御歌は素晴らしく、感嘆しながら
口に出して読みました。
　年の暮れともなりましたので、使いの人も急いでいる

様子ですから、あなたの歌へのお返しは、春になって日が長くなってからにします。

　さて、私も、この風邪のために、大変苦しみました。この世のものとは思えないほどの苦しみでしたが、ここ2、3日は、少し病状が快方に向かっています。

　　12月29日　　　　　　良寛

　┌─《良寛さんの独り言》────────────────

　例年のように、定珍さんからお歳暮の品々が贈られてきた。有り難いことだ。

　使いの人が急いでいたので、歌のお返しもできなかった。暖かくなってからにしよう。

　しかし、今度の風邪は、今までに経験したことのないほどの酷いものだった。

　熱は高いし、体の節々は痛むし、咳も出るし、痰も取れないし、食欲も無く、とてもこの世のものとは思えないほどの酷い風邪だった。ようやく、快方に向かいつつあるので、焦らず病気を治して行こう。

　死に対する恐怖心は余り無いけれど、独りで冷たい部屋に閉じ籠もっているのは、さすがに辛いなあ。

(25) 阿部定珍宛

定珍老　　　　　良寛

此の間は、ご疎遠に打ち過ごし候。

然らば、与板より『万葉略解』参り候や。此の者に誂へ遣さるべく候。

もし、未だ参らず候はば、ご所持の『万葉』、拝借下さるべく候。下読みいたしおきたく候。

与板へも、早速、人、遣し下さるべく候。

神無月十六日

《私訳》

このところは、ご無沙汰しております。

ところで、与板の三輪家から『万葉集略解』は届きましたか。届いていれば、この使いの者に持たせてやって下さい。

もし、未だ届いていないなら、あなたの所蔵されている『万葉集』を拝借させて下さい。『万葉集略解』が届

くまでに、下読みしておきたいと思っています。

　まだでしたら、早速、与板へもう一度使いを遣って催
促するようにして下さい。

　　　神無月（10月）16日

---《良寛さんの独り言》---

　定珍さんに頼まれて、『万葉集』に朱注を入れることに
なった。これは大変な仕事だ。そのためには、加藤千蔭
の『万葉集 略 解』を読んでおく必要がある。

　『万葉集略解』が与板の三輪権平さんの所に有ることを、
権平さんの叔母の維 馨 尼さんが、先日知らせてくれた。

　6日ほど前に、維馨尼さんには連絡しておいたので、
もうそろそろ阿部定珍さんの家に届いているはずだ。少
しでも早く読みたい。

　万一、届いていない場合には、届くまでの間に、定珍
さんから『万葉集』を借りて読むつもりだ。ちゃんと予
習しておきたいのだ。

《付記》

　良寛は、阿部定珍から『万葉集』に朱注を入れるように頼まれた。その後、良寛は、維馨尼から、甥の三輪権平が加藤千蔭の『万葉集略解』全30巻を所有していることを知らされた。朱注を入れるための参考にしたいので、良寛は、維馨尼から甥の権平に本の借用を頼んでもらうことにした。

　時期を見計らって、良寛は、阿部定珍に手紙を書いて、使いの者に「大風呂敷1枚、小風呂敷1枚持たせて」三輪家に本を取りに行かせるようにと頼んだ。小さい風呂敷は『万葉集略解』20巻（上・下を含む巻があるため全部で30冊）を包むため、大きい風呂敷は、それを背中に担うためであった。

　こうして『万葉集略解』を依頼してから1週間経過しても、何の連絡も無かったので、心配になった良寛は、定珍に問い合わせたのである。

　なお、『万葉集略解』の借用に関しては、(51)(52)(53)の三輪権平宛の手紙にもいろいろ書かれているので、参照してほしい。

(26) 阿部定珍宛

<ruby>定珍<rt>さだよししろう</rt></ruby>老　　　　　良寛

　御不幸の<ruby>由<rt>よし</rt></ruby>、<ruby>陰<rt>かげ</rt></ruby>ながら<ruby>承<rt>うけたまわ</rt></ruby>り、まことに
<ruby>落涙<rt>らくるい</rt></ruby>いたし候。
　<ruby>雨雲<rt>あまぐも</rt></ruby>の　<ruby>他所<rt>よそ</rt></ruby>に見しさへ　悲しきに
<ruby>愛<rt>お</rt></ruby>し<ruby>足<rt>た</rt></ruby>らはせし　<ruby>父<rt>ちち</rt></ruby>の<ruby>命<rt>みこ</rt></ruby>はも
<ruby>灯明<rt>とうみょう</rt></ruby>、<ruby>斎料<rt>ときりょう</rt></ruby>、<ruby>恭<rt>うやうや</rt></ruby>しく<ruby>納受<rt>のうじゅ</rt></ruby>つかまつり候。
<ruby>回向<rt>えこう</rt></ruby>つかまつるべく候。
別に、筆<ruby>一対<rt>いっつい</rt></ruby>、朱墨<ruby>一丁<rt>いっちょう</rt></ruby>、<ruby>相済<rt>あいす</rt></ruby>み候。
　以上。
　十一月七日

《私訳》

　身内の方が亡くなられた由、よそながら承り、悲しく
て涙をこぼしました。

（短歌）

　自分には関係ないことだと思って見ていた私でさえ、こんなに悲しいのに、可愛がって十分に育ててこられた父上の悲しみは、まことに大変なものだろう。

　蠟燭やお金など、謹んで受け取りました。

　参上して、お経を上げて、娘さんの霊をお慰めいたします。

　別件になりますが、筆一組と朱墨一丁も受け取りました。　　以上。

　11月7日

― 《良寛さんの独り言》 ―

　定珍さんの娘のますさんが、結婚してわずか4年目に、20歳の若さで亡くなった。こんなに悲しいことは無い。いい娘さんだったな。

　私は、今年、62歳になった。還暦まで生き延びた。それを思うと、ますさんの死は早すぎる。父親の定珍さんの気持ちを察すると、堪らなくなってしまう。

　葬儀に参列して、読経し、亡くなられたますさんが安らかに成仏されるようにお祈りしよう。僧として私のできる精一杯のことをしよう。

（27）阿部定珍宛

<ruby>定珍<rt>さだよししろう</rt></ruby>老　　　　良寛

　右の<ruby>件<rt>けん</rt></ruby>の書物、大坂屋へ返済下されたく候。

　残りたるは、五、六冊に候。

　余り寒気にならぬ<ruby>中<rt>うち</rt></ruby>、書き<ruby>了<rt>しま</rt></ruby>ひたく候あひだ、<ruby>何卒<rt>なにとぞ</rt></ruby>、御世話ながら、『万葉』を早くお取り寄せ下さるべく候。　　以上。

　徳利、持たせ上げ候。<ruby>是<rt>これ</rt></ruby>に油、<ruby>賜<rt>たまわ</rt></ruby>りたく候。

　　十一月十二日

《私訳》

　右の件の書物は、大坂屋の三輪権平さんに返却して下さい。

　まだ朱注を入れていない残りの『万葉集』は、5、6冊になりました。

余り寒くならない中に、書き終えたいと思いますので、何卒、お世話を掛けますが、『万葉集略解』を早く取り寄せて下さるようにお願いします。　以上。

なお、徳利を持たせましたので、これに灯油を入れて下さい。

11月12日

《良寛さんの独り言》

定珍さんに頼まれた『万葉集』の朱注の仕事も順調に捗っている。

半月ほどの間に15冊も済んだのだから、我ながら頑張ったと思う。

少しでも早く、三輪権平さんから『万葉集略解』の残りを借りてもらうように、定珍さんを急かせた。寒気が襲来して、仕事ができなくなると困るので、早く取り寄せてもらいたいのだ。

昼も夜も、この仕事に打ち込んでいるので、灯油が直ぐに無くなってしまう。使いの人に、徳利の容器を持たせたので、それに灯油を入れてもらうように頼んだ。

『万葉集』は、素敵な歌集だ。技巧に陥らずに、自分の気持ちを素直に詠む。この朱注の仕事をしながら、私は多くのことを学んだ。これからの自分の歌作りに活用して行こう。

(28) 阿部定珍宛

定珍老　　　　　良寛

幼きお子の過ぎたまひし由、驚き入り候。御施物ならびに酒、恭しく受納つかまつり候。

野僧も、明日、回向つかまつるべく候。御歌、哀れに候。追つて、よく拝吟つかまつるべく候。　　早々。　　以上。

霜月二十四日

《私訳》

　幼いお子様が亡くなられたとのこと、とても驚いております。

　施しの品、ならびにお酒を、謹んで受納致しました。

　私も、明日、亡くなられたお子様の追善のための読経に参ります。

　お詠みになられた歌からは、あなたの悲しみが伝わって来ます。のちほど、よく吟誦しようと思っています。

　　早々。　　以上。

霜月（11月）24日

《良寛さんの独り言》

　悲しい知らせが届いた。定珍さんの所の六男の健助ちゃんが、先月、わずか2歳で亡くなって、明日はその三十五日の法要が行われるということだ。

　先月、私は、旅に出ていたので、亡くなったことを知らなかった。

　定珍さんの歌を読んで、涙が止まらなくなった。すぐに返歌を贈るべきだったが、心がすっかり動転してしまって、歌を作ることができなかった。

　私には子どもがいない。だから、幼子に死なれた定珍さんの悲しみがいかに深いものか、本当には理解できないのかも知れない。明日お会いした時、何か慰めの言葉を掛けることができればいいのだが……。感極まって、口から、言葉が出ないだろうな……。

《付記》

　定珍の六男・健助が2歳で亡くなったのは、文政3年（1820）10月20日であった。父親の定珍が41歳、そして良寛が62歳の時であった。

85

(29) 阿部定珍宛

定珍老　　　　　良寛

仰せの如く、此の冬は、島崎能登屋の
裏に住居つかまつり候。

まことに狭くて、暮し難く候。

暖気成り候はば、又、何方へも参るべ
く候。

酒、煙草、菜、恭しく納受つかまつり候。

早々。　　以上。

師走二十五日

《私訳》

　あなたのおっしゃる通り、私は、この冬は、島崎の能
登屋の裏に住むこととなりました。

　とても狭苦しくて、住みにくい所です。

　暖かくなったら、また何処かへ移り住む積もりでいます。

　酒、煙草、野菜、謹んで受納致しました。　早々。以上。

　師走（12月）25日

―《良寛さんの独り言》――

　私は、今、国上山を離れて、町中で生活している。老いた身で山の独り暮らしは大変でしょうから、是非、私の家に来て下さい、という木村さんの誘いを受けた。

　初め、母屋で住むように勧められたが、それはきっぱりとお断りした。すると、木村さんは、薪小屋を人が住めるように改造してくれた。

　しかし、私は、どんなに不便であろうと、山の暮らしの方が好きだ。山の庵は狭かったが、その周囲は、限りなく広かった。人の話し声や車馬の音も聞こえてくることが無かった。静寂さの中で、いつまでも落ち着いて、好きなことに没頭することができた。

　木村さんには悪いが、暖かくなったら、もう少し静かな所で住むことにしよう。

《付記》

　良寛が木村家邸内に移ったのは、文政9年（1826）のことであった。69歳の時であり、5年後、良寛は74歳で木村家で亡くなった。

(30) 阿部定珍宛

定珍老　　　　　良寛
さだよしろう

先日、大地震、世間一同の大変に候。
せけんいちどう

野僧、草庵は、何事も無く候。
やそう

うちつけに　死なば死なずて

永らへて　かかる憂き目を
う

見るが侘しさ
わび

来春、ゆるゆる、御目にかけ申し上げ

たく候。　　かしこ。

臘八　　　　　良寛
ろうはち

《私訳》

　先日の大地震は、世の中の全ての人が、大変な被害を
受けました。

　私の庵は、何の被害も受けませんでした。

（短歌）

　突然、何のことか分からないうちに、死んでしまった
ら良かったのに……。こうして死なないで生きながらえ

たために、こんなにも辛い目を見るなんて、本当に悲しく、心苦しいことだ。

　来年の春には、落ち着いて、ゆっくりとお目に掛かりたいと思っております。　　かしこ。

　臘月（12月）８日　　　　　　　良寛

┌─ 《良寛さんの独り言》 ───────────────

　それにしても激しい地震だった。あんな強烈な地震は、生まれて初めてだった。

　多くの人たちが亡くなったり、傷を負った。また、たくさんの家が倒壊したり、焼失した。

　幸い、私の庵は無事だった。私も生きながらえることができた。しかし、あの地震で一瞬のうちに死んでしまっていたら、その後の惨状を目にすることも、人々の苦しむ姿も見ないで済んだのだ。

└──────────────────────────

《付記》

　文政11年（1828）11月12日の午前８時頃に起きた「三条の大地震」による被害は、各藩からの被害数を合計すると、死者1,600人、負傷者1,400人、倒壊家屋１万３千棟、焼失家屋1,100棟以上であった。

　その時、良寛は70歳で、島崎の木村家邸内の草庵に住んでいて無事だった。

なお、(64) の山田杜皐宛の手紙と、(82) の宝塔院の隠居・隆全宛の手紙を参照してほしい。

三条大地震 『懲震毖録』より

第 2 部

愛　　語

(31) 解良叔問宛

叔問老　　　　　良寛

是は、あたりの人に候。

夫は、他国へ穴掘りに行きしが、如何
いたし候やら、去冬は帰へらず。

子どもを多く持ち候へども、まだ十よ
り下なり。

此の春は、村々を乞食して、其の日を
送り候。

何ぞ与へて、渡世の助けにもいたさせ
んと思へども、貧窮の僧なれば、致し方
も無し。

何なりと、少々、此の者にお与へ下さ
るべく候。

　正月四日

《私訳》

　この女性は、この近くの人です。

　夫は、他所の国へ穴掘りの出稼ぎに行ったのですが、どうした訳か、去年の冬は家に帰って来ませんでした。

　子どもがたくさんいますが、どの子も、まだ10歳にならない小さな子ばかりです。

　この正月は、村々を、物乞いして、その日暮らしをしています。

　私も、この可哀想な親子に、何か与えて、少しでも生活の助けにしてやりたいと考えましたが、何しろ、私は何一つ持たない貧乏な坊主ですので、どうすることもできません。

　そこで、お願いですが、何なりと少しばかりの食べ物を、この女性に与えてやって下さいませんか。

　　正月（1月）4日

こしの千涯画

《人物紹介》

　解良 叔問——牧ケ花村（現・分水町牧が花）の庄屋で
あった解良家の10代目、喜惣左衛門栄綿である。叔問と
号していた。温厚篤実な人柄で、多くの人から尊敬され
ていた。死ぬ年までの13年間、牧ケ花の庄屋を務めた。
　文政2年（1819）4月、57歳で死去した。良寛より5
歳年下。
　和歌にすぐれ、良寛と親しく交わった。良寛の理解者
であり、庇護者であった。

《良寛さんの独り言》

　世の中には、可哀想な人が何とたくさんいることだろう。
　今朝出会った女の人も、哀れな人だった。身の上話を
聞いて、私は、涙が止まらなくなった。小さな子どもた
ちを家に待たせておいて、この雪の降る寒い中、一人で、
近くを物乞いしていたのだ。
　私だって、食べ物を持っていれば、喜んで分け与える
ことができたのだが、何しろ、自分一人食べるだけの物
も無い、貧窮ぶりだ。
　女の人は牧ケ花に住んでいるという。そこで、牧ケ花
の庄屋の叔問さんに頼むことにした。まだお正月の料理
が残っているだろう。心優しい叔問さんのことだ。その
料理を恵んで上げるだろう。

《付記》

　新年早々、一人の哀れな女性と清貧の僧・良寛が、何時、どんなふうにして巡り会ったのだろうか。非常に興味深い話である。

　国上山の草庵と、牧ケ花の解良家とは、非常に離れているので、女性が、五合庵か乙子神社の草庵を訪れたとは、とても考えられない。また、国上山のどちらかの庵に居たのなら、良寛は、近くに住んでいた阿部定珍に頼んだであろう。

　その頃、良寛は、時々、牧ケ花の観照寺に寄寓していたと言われている。この観照寺と解良叔問との家は、そんなに離れていない。近くに住む哀れな女性が観照寺を訪れ、そこにいた良寛に、何か食べ物を呉れるように頼んだのだろうか。

　または、牧ケ花に近い里で、外出中の良寛が、この可哀想な女性の姿を見かけ、優しく声を掛けたのであろうか。

　良寛から紹介状を受け取った女性が、その後どうなったか。それは、次の次に取り上げる（33）の手紙でよく分かる。

　なお、手紙の中に女性の夫が他国へ「穴掘り」に出掛けたとあるが、どこか遠い所へ井戸を掘りに行ったか、佐渡などの鉱山へ働きに出掛けたのであろう。

(32) 解良叔問宛

解良叔問老　　　良寛

陽春の御慶、一同に目出度く申し納め候。
　年内は、品々、歳暮、賜り、確かに落
手つかまつり候。
　私も、旧冬より風邪引き、今に閉ぢ籠
もり候。しかし、此の間は、漸く快気致
し候。御案じ下されまじく候。　　以上。
　　正月九日

《私訳》

　初春のお慶び、皆々様、お目出度いことでございます。
　昨年末は、いろいろと歳暮の品々を頂戴し、確かに受
け取りました。
　私も、去年の冬から風邪を引き、未だに部屋に閉じ籠
もっています。しかし、このところ、漸く快方に向かっ
ています。御心配下さいませんように。　　以上。
　　正月（1月）9日

97

《良寛さんの独り言》

　昨年末に、叔問さんから歳暮の品々が届いたが、酷い風邪のために、礼状を出すのが遅れてしまった。また、年賀状を出すのも、こんなに遅くなってしまった。
　しかし、風邪も大分良くなってきたので、叔問さんに、心配しないようにと知らせておいた。

こしの千涯画

(33) 解良叔問宛

解良 叔 問老　　　良寛
けらしゅくもんろう

　今日は、昆布、煙草、確かに相届き候。
こんぶ　　　　　　　　　　　あい

　先日は、菊の味噌漬け、賜り、珍賞味
　　　　　みそづ　　　　たまわ　　ちんしょうみ

つかまつり候。

　且つまた、貧人に、餅、多く賜り、大
か　　　　ひんにん　　もち　　　　　　たい

慶に存じたてまつり候。
けい

　暖気催し候はば、参上つかまつりたく
もよお

候。　　敬具。

　正月二十日

《私訳》

　今日は、昆布、煙草、確かに届きました。

　先日は、菊の花の味噌漬けを頂戴し、大変珍しく、美
味しく味わわせてもらいました。

　それにまた、あの貧しい女の人に、餅をたくさん差し
上げたそうですね。それを聞いて、私は、この上なく喜
びました。

99

暖かくなって来ましたら、参上したいと思っています。　敬具。

正月（1月）20日

《良寛さんの独り言》

　私は、菊の花の味噌漬けが好きだ。叔問さんは、その珍しい味噌漬けを届けてくれた。嬉しかった。美味しかった。

　先日、あの貧しい女の人が、わざわざ私を訪れて、その後のことを話してくれた。私が書いて与えた紹介状を読んで、叔問さんは、お餅を山ほど分け与えた。女の人は、叔問さんの心の優しさと徳の深さに感激した。あれほど嬉しかったことは今までに無かったそうだ。分かるな。よく分かるな。

　叔問さんよ、有り難う。

　女の人よ、夫が帰って来るまで、挫けずに、子どもたちと頑張るように。あなたの夫は、お金と土産を持って、その内に必ず家に戻って来るからね。

(34) 解良叔問宛

叔 問老　　　　　良寛

暑さに、如何あそばされ候や。

野僧、痛みも、漸く癒へ候。

絹地、確かに受け取り候。

　林間倒指已六十
　　　　　（林間、指を倒せば、已に六十）

　一箪一瓢送余年 （一箪一瓢、余年を送る）

　世上富貴雖可羨
　　　　　（世上の富貴は、羨む可しと雖も）

　竹子時節不得間
　　　　　（竹子の時節は、間を得ず）

　六月十二日

《私訳》

　この暑さの中を、どのようにお過ごしでしょうか。

　私は、体の痛みも、漸く癒えました。

　書画用の絹地は、確かに受け取りました。

（漢詩）

　山林の中で暮らしているが、指を折って数えてみると、もう60歳になってしまった。

　破籠一杯の飯と瓠一杯の汁だけで余生を過ごしている。

　この世の中の富貴は羨ましいと思えば思えるが、

　今は竹の子の時節で、竹の子を掘るのに忙しくて、そんな余計なことを考えている時間は無い。

　　6月12日

《良寛さんの独り言》

　私は、小さい頃から『論語』が好きだった。

　孔子は、弟子の顔回の生き方を称賛して、こう述べた。

「子曰く、賢なるかな、回や。一箪の食、一瓢の飲、陋巷に在り。人、其の憂に堪へず。回や其の楽しみを改めず。賢なるかな、回や、と」

　清貧に生きた顔回は、本当に素敵だ。見習わなくてはいけない。

　今日、叔問さんへの手紙の中に、今の自分の生き方を

詠んだ詩を書いた。「一箪一瓢余年を送る」。私も60歳になった。還暦を迎えたのだ。これからも、世の中の富貴などとは無縁な生活を送って行こう。清貧を貫こう。

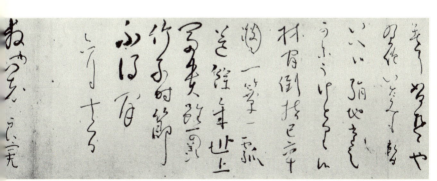

「叔問老」宛　良寛

(35) 解良叔問宛

解良叔問老　　　　　良寛

先日は、米、辱く存じたてまつり候。

其の節、野菜、沢山に賜り、恭しく受納つかまつり候。

もはや涼しくなり候あひだ、遊行つかまつるべく存じ候。

巡り巡り、御地へも参上つかまつるべく候。　　早々。　　以上。

　　八月二日

《私訳》

　先日は、お米を頂戴し、身に沁みて有り難く思っています。

　その節には、野菜もたくさん頂き、謹んで受け取りました。

　時節も、もうすでに涼しくなりましたので、あちこち托鉢に出てみようかと考えています。

そして、巡り歩いて、あなたの住んでおられる土地に
も参上いたす積もりです。　　早々。　　　以上。
　　8月2日

《良寛さんの独り言》

　叔問さんからお米が贈られてきた。野菜もたくさん贈
られてきた。有り難いことだ。

　年を取ってからは、暑い時節には、托鉢に出掛けるこ
とをしなくなったので、こうした贈り物は、身に沁みて
有り難く感じられる。

　それにしても、多くの方が、私のような人間に、いろ
いろな物を贈って下さるのは、どうしてなのだろうか。

　お話しをしたり、詩や歌を作り合ったり、書を書いて
あげたりしているだけなのに、どうして、私のことを気
遣って下さるのだろうか。

　涼しくなって来た。托鉢に出掛ける時節になったのだ。
たくさん歩こう。子どもたちにも会いたい。いつものよ
うに、私が来るのを待っているだろうな。

(36) 解良叔問宛

叔 問老　　　　　良寛

　先日は、手拭、桐油、菊、落手つかまつり候。

　今朝は、お手紙、辱く拝見つかまつり候。

　僧も、一両日以前、帰庵つかまつり候。

　何やかや取り乱れ、冬の支度も未だ調はず候。

　少し閑に成り候はば、参上つかまつりたく候。

　山住みの身さへ、閑ならぬに、世に交はる人は、如何あるらむと、推し量られ候。

何事を　営むとしも　なけれども

閑かに暮らす　日こそ少なき

　十月五日

《私訳》

　先日は、手拭、桐油合羽、菊、受け取りました。

　今朝は、お手紙を頂き、有り難く拝読致しました。

　私も、１日か２日前に、庵に帰って来たところです。

　あれこれと取り乱したまま、冬の支度も未だ整っておりません。

　少し暇ができましたら、あなたの所に参りたいと思っています。

　山に住んでいる独り身の私でさえ、こんなに忙しいのですから、世間で多くの人と交わっている人たちは、さぞや忙殺されておられることだろうと想像しております。

　（短歌）

　しなければいけない仕事があるわけではないが、そんな私でも、のんびりと過ごせる日は、本当に少ないことだ。

　10月5日

《良寛さんの独り言》

　忙しい。本当に忙しい。久しぶりに山の庵に帰って来たが、心身ともに落ち着かない。長い冬に備えて、しなければいけないことが山ほど有る。

　今朝、叔問さんから手紙が届いた。返事は書いた。しかし、慌てていたので、先日頂戴した手拭と桐油合羽と菊のお礼を書き忘れるところだった。「追伸」という形で、文頭に、細字で書き加えておいた。

　さあ、寒さが本格的にならないうちに、急いで、冬支度に取り掛かろう。

　山に入って薪を集めなくてはいけないな。托鉢に行ってお米も蓄えておかなくてはいけないぞ。味噌や漬物の蓄えも大切だ。妹のむらの所から、預けておいた冬用の綿入れなども持って来なくてはいけない。

　あれこれ考えていると、頭がくらくらして来る。しかし、長い間、外に出ていたのだから、その分、忙しくなるのは当然だ。自業自得というものだ。

　夏は、暑くなれば、一枚一枚、着る物を脱いでいけばいいのだが、冬は、寒くなるにつれて、一枚一枚、着る物を重ねなければいけない。貧乏人は、夏の方が楽だなあ。

　それにしても、山中の独り者がこんなに忙しいのだから、町に住む人たちは、どんなにか忙しいことだろう。

《付記》

「桐油」は、「桐油紙」か「桐油合羽」のことであろう。また、「菊」は鑑賞用ではなく、食用だと思われる。

悠々自適の生活を送っていた良寛が、こんなに多忙を嘆いているのは珍しい。

何か大切な用で、長い間、遠くに行っていたと思われる。帰って来ても、冬の準備が少しもできていなかったので、さすがの良寛も焦ったのだろう。

こしの千涯画

（37）解良叔問宛

　先日は、御紙面、辱く拝見つかまつり
候。
　寒気の節、いよいよご雄勝におあそば
れ、大慶に存じたてまつり候。
　野僧、無事にまかり過ごし候。
　忘れ候餅、並びに托鉢の米、落手つか
まつり候。
　是より冬籠もりの支度のことに候。
　来春は、早速、御目にかけ申すべく候。
　　以上。
柴焼いて　時雨聞く夜と　なりにけり
　　十月五日

《私訳》

　先日は、お手紙有り難く拝見致しました。

　寒い時節ながら、ますますご健勝であられ、大変喜ばしいことと存じます。

　私も、何事もなく過ごしています。

　この間、お宅へ忘れてきた餅と、托鉢のお米、届けていただき、確かに受け取りました。

　これから冬籠もりの支度に取り掛かります。

　来年の春には、早々とお目に掛かりたく存じます。

　　以上。

　（俳句）

　寒い時節になり、柴を炉に焚いて、その赤い炎を眺めながら、屋根に当たる時雨の音を独り静かに聞く、そういう夜になったことよ。

　　10月5日

―《良寛さんの独り言》―

　先日、農家で頂いた稲の刈り上げの祝い餅と、村の人たちから頂戴した托鉢のお米を、うっかりして叔問さんの家に置き忘れてきた。今日それが庵に届けられた。どうも私は、耄碌（もうろく）して来たようだな。

(38) 解良叔問宛

解良叔問老　　　　　良寛

久しく御相承はらず、如何お暮らしあそばされ候や。

野僧、此の間、漸く達者にまかり成り候。

先日は、味噌豆、辱く存じ候。

飯米、あちらこちらから貰ひ、当年も、沢山にこれ有り候あひだ、さやふにおぼしめし下さるべく候。

御子息も、江戸へ発足あそばされ候由、時節柄、御案じあそばさるべく候。

さて、御気分は如何候や。

ご療治あそばされ候ひても然るべく候。

酒食に御心付けなさるべく候。

物に屈託せぬやうになさるべく候。

一つは滞りかと思ひ候へば、当年も僅かになり候へば、若菜摘むころ参上致し、御清話申し上ぐべく候。　　早々。

以上。

十一月二十二日

《私訳》

　長い間、御様子を伺っていませんでしたが、如何お過ごしですか。

　私は、最近になって、ようやく健康を回復することができました。

　先日は、味噌豆を頂戴し、本当に有り難うございました。

　ご飯にするお米は、あちらこちらから貰って、今年も、たくさん蓄えがありますから、そのようにご承知しておいて下さい。

　ご子息も、江戸へ出発されたとのこと、時節柄、さぞやご心配でしょう。

　ところで、ご気分はどんな具合ですか。

　医者の治療をお受けになった方がいいのではないでしょうか。

酒や食事には、十分気を付けて下さい。

　物事にくよくよと気を遣わないようにして下さい。

　あなたの病気の原因の一つは、心の緊張による気鬱（きうつ）ではないかと思います。そこで、今年はあと僅かとなりましたので、若菜を摘む頃に参上して、気が晴れるような爽やかな話でもしたいと思っています。　早々。　以上。

　　11月22日

《良寛さんの独り言》

　それにしても、叔問さんの所は大変だな。

　息子の孫右衛門（まごえもん）さんが、とうとう家を飛び出して、江戸に行ってしまった。

　心配の余り、叔問さんが病気になってしまった。気が塞いで、人にも会う気がしないそうだ。何とかしてあげたいものだ。

　しかし、今は、私も病気から回復したところだし、これから寒さも厳しくなってくるので、来年の春、若菜の摘む時期に、訪問して、気の紛れるような、風流な話をすることにしよう。

　そんな家庭の状態にも拘わらず、叔問さんは、味噌を作る豆を贈って下さった。

　今年は、お米の蓄えが十分有るから、そうした気遣いをなさらないようにと手紙に書いておいた。

《付記》

　孫右衛門は、叔問が35歳の時に生まれた長男である。男子に恵まれなかった叔問は、相当甘やかして育てたようだ。その放蕩息子の孫右衛門が、遂に江戸へ出奔してしまう。父親の叔問や祖父の新八郎の心痛は大きかった。

　翌年の5月中旬に、叔問の依頼によって、何人かの人たちが、孫右衛門を連れて帰るために、江戸の吉原に出発した。その時、良寛はその人たちに手紙を託した。誠心誠意の文面を読んで心を打たれたのか、孫右衛門は、その年の7月に家に帰って来た。その時の良寛の手紙が、後で紹介する（43）の手紙である。

こしの千涯画

(39) 解良叔問宛

叔問老　　　　　良寛

　先日は、御手紙、辱く被見つかまつり
候。

　仰せの如く、歳暮の御取込み、まこと
に察し入り候。

　其の節、南蛮、茄子、過ぎし頃は、味
噌豆、辱く存じたてまつり候。

　野僧は、此の冬は、暖かにて、食べ物も、
春までの蓄へ、これ有り、安穏に過ごし
候あひだ、御案じ下さるまじく候。

　以上。

　　十二月二十六日

《私訳》

　先日は、お手紙、有り難く拝見致しました。

　おっしゃる通り、年末のご家庭のごたごたは大変だっただろう、と深くお察し申し上げます。

　その節は、南蛮唐辛子や茄子漬け、また以前には、味噌豆を贈って戴き、有り難く存じます。

　私の方は、この冬は暖かで、食べ物も春までの蓄えが十分に有り、安心して暮らしていますので、ご心配下さいませんように。　以上。

　12月26日

《良寛さんの独り言》

　叔問さんの所は、家出した息子さんのことがまだ解決せず、どうしていいか、家の人たちは、頭を悩ませていることだろう。大変だろうな。

　しかし、叔問さんも、前よりは大分落ち着いてこられた様子で、私も少し安心した。この冬に備えての食料の蓄えは十分有るので、私のことをあれこれ気を遣うのは止めてほしい、と書いておいた。

　息子さんも、心を入れ替えて、一日も早く江戸から帰って来るといいのに……。

(40) 解良叔問宛

解良　叔　問老　　　　　　良寛
けらしゅくもんろう

　先頃は、歳暮の御贈物、恭しく受納つ
ごぞうぶつ　うやうや　じゅのう
かまつり候。

　煙草も落手つかまつり候。殊に、味噌
たばこ　らくしゅ　　　　　　　こと　　みそ
豆、忝なく存じたてまつり候。
まめ　かたじけ

　野僧、此の頃は、寒気にて、疝気起き
やそう　　　　　　　　かんき　　　　　せんき
候処、何首烏藷、夜々焼きて食べ、快気
ところ　かしゅういも　よなよな　　　　　　　かいき
つかまつり候。

　猶、永春の時を期し候。　　敬白。
なお　えいしゅん　　き

　　臘月二十六日
ろうげつ

《私訳》

　先日は、歳暮の贈り物、謹んで受納致しました。

　煙草も受け取りました。とりわけ、味噌豆は、有り難
く思いました。

　私は、この頃の寒さのせいで、疝気を起こしましたが、
何首烏藷を毎晩焼いて食べたところ、痛みが無くなりま
かしゅういも

した。

　それでは、来年の春の日永の頃を見計らってお伺いすることにします。　　　敬白。

　　臘月（12月）26日

《良寛さんの独り言》

　私は煙草が好きだ。叔問さんの所は、かなりの規模で煙草を栽培している。よく贈ってくれるが、とても有り難いことだ。

　私は、いろいろな病気に罹るが、中でも疝気は、激しい痛みが、下腹部を何度も襲って来て、どうしても堪えることができない。

　先日、阿部定珍さんが何首烏藷を焼いて食べるといいと言って贈ってくれたので、毎晩焼いて食べていたら、本当に良くなった。

《付記》

　「何首烏藷」はヤマイモ科の多年性蔓草で、根や茎は食べることができる。しかし、その味は苦いそうである。

(41) 解良叔問宛

解良氏（けらうじ）　　　　良寛

用事（ようじ）

　先日は、久々にて御面談（ごめんだん）つかまつり、大悦（たいえつ）に存じたてまつり候。

　然（しか）らば、道風（とうふう）の石摺（いしずり）を貴宅（きたく）に失念（しつねん）つかまつり、甚だ不安心（はなはぶあんしん）に候。

　御難（おむつか）しながら、御尋（おたず）ね下され、此の者に持たせ下さるべく候。

　上紙（うわがみ）は、丸い小形（小さな花模様の絵）。

　初めに「散々難（さざな）……」。

　もし、主人の御留守にて、知れず候はば、是（これ）を符丁（ふちょう）にして御尋ね下さるべく候。

　　以上。　　　　　　　良寛

　　正月十三日

《私訳》

（頼み事の用件）

先日は、久しぶりにお目に掛かってお話しができ、大変うれしく思いました。

ところで、小野道風の書の石摺の法帖を貴宅に忘れて来てしまいました。とても気掛かりでなりません。

ご面倒でしょうが、捜して戴いて、この使いの者に持たせてやって下さい。

表紙には、このような丸い小形の花模様が有ります。

（絵）

初めに「散々難……」と書いた歌が有ります。

もし、ご主人がお留守で、よく分からないようでしたら、私が書いたこの花模様と歌の文句を目印にして、何とか捜してみて下さい。　以上。　　良寛

正月（1月）13日

┌── 《良寛さんの独り言》 ──

何という失敗をしてしまったことだ。大切な小野道風の法帖『秋萩帖』を、叔問さんの家に忘れて来てしまったのだ。

宛名は、「解良氏」としておいた。もしも叔問さんが留守の場合でも、誰か家の人がすぐに手紙を読んで、法帖を見つけてくれるだろう。

叔問さんなら、直ぐに分かるだろうが、他の人だと、その法帖がどんな物か分からないといけないので、表紙の花模様も6個描いておいたし、最初の歌の出だしも書いておいた。

　見つかるといいな。もう二度と忘れないぞ。

《付記》

　良寛が解良家に置き忘れて、どうしても捜してほしいと頼んでいる小野道風の法帖『秋萩帖』は、表紙一面に花模様が描かれている。また、最初に「さざ波や　いた山風の　海吹けば　釣りする海女の　翻へる見ゆ」の歌が書かれている。そのために『細波帖』とも呼ばれており、現在、その実物が糸魚川市歴史民俗資料館（相馬御風記念館）にある。

　良寛はよく忘れ物をした。しかし、こんなに熱心に捜してほしいと頼んでいる手紙も珍しい。表紙の模様とか、初めの歌の出だしとか、誰でも簡単に捜し出せるように、念には念を入れているところが微笑ましい。

　良寛は、この法帖には余程愛着があったらしく、自筆で「おれがの」と書き込んでいる。「これは自分の物である」という意思表示である。

(42) 解良叔問宛

　　　　牧ケ花　解良氏　　　　　　良寛

　寒気の節、御清和お凌ぎあそばされ候
や。
　野僧、無事にまかり過ごし候。
　いつぞや置き候米、遣され下さるべく
候。
　蚊帳は、宝珠院へ誂へおき候あひだ、
盗人の気遣ひ、これ無く候。
　此の度は、返済つかまつらず。
　　十一月十六日　　　　　　良寛

《私訳》

　寒い時節になりましたが、安穏にお過ごしになってお
られますか。
　私も、何事も無く、日々を過ごしています。
　何時だったかお宅にお預けした米を、こちらへ届けて
下さいませんか。

蚊帳は、宝珠院に頼んで預かってもらっていますので、人に盗まれる心配は有りません。

　蚊帳は、今度は、そちらへは返済致しません。

　　11月16日　　　　　　　良寛

《良寛さんの独り言》

　長く続く冬籠もりに備えて、叔問さんの所に預けておいたお米を届けてもらうように頼んだ。

　拝借している蚊帳は、いつもは叔問さんの家に返していたのだが、近くの宝珠院の住職が預かっても良い、と言ってくれたので、今回は、そちらに預けることにした。同じ山の中のお寺だし、自分で運ぶこともできるから、これからもお願いすることにしようかな。

　五合庵で保管するのが一番便利であるが、先年のように、泥棒に入られる恐れがある。宝珠院で預かってもらえれば、一安心というものだ。あそこの住職は、私と違って、托鉢にも出掛けないし、戸締だって厳重にされているはずだ。

(43) 解良孫右衛門宛

解良孫右衛門殿　　　　　　良寛

　久々御目にかからず候。如何お暮らし
あそばされ候や。

　当春は、御隠居も御親父も、事の外、
御弱りあそばされ候。

　貴公御帰国の事のみ、朝夕、神仏へ御
祈祷の様子に候。

　此の度、御使の人と御同道にてお帰り
あそばさるべく候。

　もし、さなく候はば、生涯、親子の体
面もこれ有るべからず候。

　一旦の楽に溺れ、長く其の身を失はん
ことは、返す返すも口惜しき事に候はず
や。

　もし、仏の御恵みに離れ、天の網に掛

かり候はば、其の時、悔ゆとも、及ばぬ
事に候。

　つらつら生きとし生けるものを見るに、
皆、生涯の計は有るぞかし。

　如何に御年少なればとて、少しは御推
察あそばさるべく候。

　野僧も、貴公のために心肝を砕き、い
ろいろ思慮を巡らし候へども、更に外の
手立てござ無く候。

　唯々、御帰国の趣、一決あそばさるべ
く候。　　　以上。

　　五月十二日　　　　　　良寛

《私訳》

　長い間、お目に掛かっておりません。どのように暮ら
しておられますか。

　今年の春は、御隠居も、お父上も、大変弱っておられ
ます。

あなたが国に帰って来ることだけを、朝も夕も、神様や仏様にお祈りになっている様子です。

　この度は、使いの人と一緒に越後に帰っておいでなさい。

　もし、そうでなければ、これから一生涯、親子として会うこともできなくなるでしょう。

　一時の快楽に溺れて、一生を台なしにしてしまうことは、返す返すも残念なことではありませんか。

　もし、仏の御慈悲から見離され、天の網に搦め捕られることになれば、そうなってからどんなに悔いても、もうどうにもなりません。

　つくづく、人間を含めた生き物すべてを見てみると、それぞれ皆、生涯の計画というものを持っています。これからどう生きたらいいか考えています。

　いくら年少だからと言っても、少しはこれからの人生について考えを巡らすべきだと思います。

　私も、あなたのために、心を砕いて、いろいろ思案したのですが、一向に妙案も思いつきません。

　唯々、帰国しようという気持ちを起こし、今すぐ、きっぱりとご決断なさって下さい。　以上。

　　5月12日　　　　　　良寛

《人物紹介》

解良孫右衛門——叔問の子で、解良家11代の栄忠である。我が儘に育ち、21歳の時、家を飛び出て江戸に行き、吉原で遊び暮らした。しかし、良寛の手紙を読んで心を入れ替えた。そして、名主を務めていたが、3年後に若隠居した。文政11年（1828）5月4日、31歳の若さで死去した。良寛より40歳年下。

《良寛さんの独り言》

　息子さんが出奔してしまい、叔問さんの心痛は、いかばかりであろう。私も、できる限りのことをしてあげたいと思って、息子さんに、悔い改めて、直ぐに帰ってくるように諭した手紙を書いて、江戸に向かう人に託した。

　私の心からの願いが、ほんの少しでも、あの若者の荒んだ心に届くといいのだが……。

　私も、若い時に、突然、家を飛び出したことがあった。あの時の自分のことを考えると、孫右衛門さんの気持ちも、私には、痛いほどよく分かる。しかし、残された家族の苦悩を思うと、ここは一刻も早く帰って来てもらいたい。

　人間は、失敗を繰り返して、少しずつ成長して行くのだ。帰って来てほしい。

(44) 解良孫右衛門宛

解良孫右衛門老　　　　　良寛

　先日は、御手紙、辱く拝見つかまつり
候。

　行きたき事は、飛び立つばかりに候へ
ども、病後ゆゑ、道中を憚り候。

　もし、命有らば、来年の時を期し候。

何卒、飯米を少々。

《私訳》

　先日は、お手紙、有り難く拝見致しました。

　招待の件、行きたいことは、飛び立ちたいほどの気持
ちですが、病後でもあり、往き来の途中で、倒れたりす
るといけませんので、遠慮させてもらいます。

　もし、まだ私が生き延びていましたなら、来年お会い
することにしましょう。

　どうぞ、ご飯にするお米を少々恵んで下さい。

┌─────────────────────────────────┐
《良寛さんの独り言》

　とうとう、あの孫右衛門さんが嫁を貰うということだ。
こんなに嬉しいことは無い。父親の叔問さんは去年亡く
なられた。また、祖父の新八郎さんもすっかりご老体に
なられ、ご病気がちだということだ。いい時に、結婚が
成立したものだ。よかった。よかった。

　近いうちに来てほしいという話だが、私も、酷い病気
をした後で、行き帰りの途中で倒れたりするといけない
ので、寒い間は遠慮して、来年の春に出掛けて行って、
共に喜び合いたいと思っている。

　病気をしていたので、托鉢に出掛けられなかった。お
米が底を突いてしまった。孫右衛門さんに、少々恵んで
もらうことにした。
└─────────────────────────────────┘

《付記》

　良寛は、孫右衛門の結婚式に出席して、古い扇子箱を
持って来て、祝いの詞を述べた。そんなことをする良寛
ではないので、不審に思った祖父の新八郎が「誰に教え
てもらったのか」と聞くと、良寛は「地蔵堂の医師の富
取北川の妻が、教えてくれた」と答えた。

　このことは、孫右衛門の弟の栄重の『良寛禅師奇話』
に記されている。

（45）解良熊之助宛

解良熊之助老　　　　　良寛

寒気の時節、如何お凌ぎあそばされ候
や。

野僧、無事にまかり過ごし候。

今日、人、遣し候。

何卒、大豆、一斗、下されたく候。

布子は、風呂敷、持たせず候あひだ、
重ねての使に遣さるべく候。

御入用無く候はば、よよひん、下され
たく候。（絵）　　以上。

十月二十三日

《私訳》

　寒い時節ですが、どのようにして寒さを凌いでおられ
ますか。

　私は、何事も無く、日々を過ごしております。

今日は、使いの者を遣りました。何卒、大豆を1斗、頂戴したく存じます。

綿入れの方は、そのための風呂敷を持たせませんでしたので、再度の使いの者に持たせてやって下さい。

もし、使用しておられないなら、「よよひん」を頂戴したいと思います。（絵）　以上。

　10月23日

《人物紹介》

解良熊之助──叔問の子。若くして亡くなった兄の孫右衛門の後を継いだ解良家12代の栄である。文政6年（1823）に名主役に任じられ、5年間、名主を務めた。安政4年（1857）6月、53歳で死去した。良寛より48歳年下。

《良寛さんの独り言》

熊之助さんも、立派な名主役になられ、喜ばしい限りだ。

今日は、取りに来いと言われていた大豆を貰いに、使いの者を送った。味噌を作るのに必要なので、1斗、所望した。

冬用の綿入れも取りに来いと言われていたが、今回は、味噌だけにして、もう一度使いの者を送って、貰って来

てもらうことにした。

　使っていないなら、「よよひん」を頂戴したいと書いた。絵も描いておいたので、分かってもらえると思う。

《付記》

　叔問、孫右衛門と相次いで亡くなっても、解良家の人たちは、尊敬する良寛にいろいろな物を贈っていた。良寛の方も、遠慮すること無く、欲しいものを所望していた。

　この手紙では、大豆、綿入れ（布子(ぬのこ)）の他に、「よよひん」も所望している。絵も描かれているが、「よよひん」というのが、何に使う容器なのか、よく分からない。良寛の絵では、急須(きゅうす)を大型にした土瓶(どびん)のように見える。

　お茶を飲むのに使おうとしたのだろうか。

　それとも、禅家の用いる道具なのだろうか。

　あるいは、年老いてきて、夜中に便所に行くのが不自由になって来たので、良寛は、小便用の「溲瓶(しゅびん)」を求めたのだろうか。

良寛が描いた「よよひん」

(46) 能登屋（木村）元右衛門宛

<ruby>能登屋元右衛門<rt>の と や もと え もんろう</rt></ruby>老　　　　　良寛

<ruby>近中<rt>きんちゅう</rt></ruby>に<ruby>参上<rt>さんじょう</rt></ruby>つかまつるべく候。

書物一冊、<ruby>唐傘<rt>からかさ</rt></ruby>、御受取り下さるべく候。

<ruby>袷<rt>あわせ</rt></ruby>一つ、返し候。

洗ふとも干すとも、帰らぬ<ruby>中<rt>うち</rt></ruby>に<ruby>為<rt>な</rt></ruby>し下さるべく候。　　以上。

三月八日

《私訳》

近日中に参上する所存です。
書物1冊と唐傘、お返ししますので、お受取り下さい。
袷1着、お返しします。
袷は、洗うにしても干すにしても、私がそちらに帰らない間に、しておいて下さい。　以上。
3月8日

《人物紹介》

能登屋元右衛門——島崎の百姓惣代だった木村元右衛門利蔵である。「能登屋」は屋号。信仰心が篤く、晩年の良寛を引き取り、良寛が庵で死ぬまで、献身的に尽くした。嘉永元年（1848）8月、66歳で死去した。良寛より25歳年下。

《良寛さんの独り言》

　木村元右衛門さんの所でお世話になっているが、私は、賑やかな町中の暮らしには合わないので、時々他の所に移って暮らしている。今は、寺泊の密蔵院にいる。

　木村さんに借りていた書物1冊と、密蔵院に出掛ける時に雨が降っていたので拝借した唐傘を、今日、返却することにした。

　寒い時に着なさいと言って貸してくれた袷も、暖かくなって来たので、今日、返した。しばらく島崎には戻らないから、その間に、洗うなり、干すなり、その袷の処理をお願いした。

(47) 能登屋（木村）元右衛門宛

能登屋元右衛門老

良寛　　与板より

寒になり候。

如何お暮らしあそばされ候や。

私、無事にまかり過ごし候。

然らば、綿入れ一枚、便に遣されたく

候。　　早々。　　以上。

　九月十六日

《私訳》

　　与板より

　寒い季節になりました。

　いかがお暮らしでしょうか。

　私は、何事も無く、安穏に暮らしております。

　ところで、綿入れ1着、ついでの便で送って下さい。

　　早々。　　以上。

　　9月16日

```
《良寛さんの独り言》
```

私は、今、与板の弟の所に滞在している。

どうも、島崎の木村元右衛門さんの家の周辺は、人通りが多くて、気が休まらない。その点、与板の由之の庵は、静かだし、弟との生活は気が楽だ。

私も、これからどれだけ生られるのか、見当が付かない。元気に歩くことができる間に、今まで世話になった人たちに、それとなく別れの言葉を掛けておきたい。

《付記》

良寛が木村家邸内の庵室に移ったのは、文政9年（1826）であり、そこで死去したのは、その5年後のことであった。

死の前年には、病気が少し良くなると、友人や知人に会うために、与板や地蔵堂や寺泊を巡り歩いた。

この手紙には、「与板より」と書いてある。弟の由之は、この時、与板の中川家の屋敷内に、新しい庵を造って住んでいた。その中川家へは良寛の叔母が嫁いでいたので、良寛も気楽に滞在できたと思われる。

（48）木村周蔵宛

周　蔵殿　　　　　　　良寛

此の度、貴様、勘当の事に付き、辺りの者ども、いろいろ詫び致し候へども、なかなか承知これ無く候。

私も、参りかかり候故、ともどもに詫び致し候へば、勘当、許すことに相成り候。

早速、御帰り候ひてしかるべく候。

さて、御帰りあそばされ候ひて後は、不都合の事無き様に、御たしなみなさるべく候。

第一、朝起き。親の心に背かぬ事。仕事も、手の及ぶだけ努めてあそばさるべく候。

其の外の事も、御心づけあそばさるべく候。

重ねて、如何やうな事、出来候とも、詫びごとは叶はず候あひだ、さやうに思

し召^めしなさるべく候。　　以上。

四月十四日　　　　　　良寛

《私訳》

　この度、あなたが父君^{ちちぎみ}から勘当されたことについて、周囲の人たちが、いろいろと父君に詫びを入れましたが、なかなか聞き入れてもらえませんでした。

　私も、木村家に参る用がありましたので、その際に、皆さんと一緒にお詫びしました。すると、勘当を許してもいいという話になりました。

　この機を逃さず、直ぐに帰宅されるべきです。

　そして、帰宅した後は、もう二度と不都合なことの無いように心掛けて下さい。

　まず第一に、朝、早く起きること。親の意向に背かないこと。それに、仕事も、手の及ぶ限り努力するようにして下さい。その他のことも、ちゃんと気配りをするようにして下さい。

　もう一度、このようなことが起きたら、どんな事情が有っても、もう詫びごとは通用しませんので、そのように考えておいて下さい。　　以上。

　4月14日　　　　　　良寛

《人物紹介》

　木村 周蔵——木村家11代元右衛門の子で、12代を継い
だ。19歳の時、何らかの理由で勘当されて、母親の実家の
大矢家に駆け込んだ。良寛の手紙を読んで、深く反省し、
帰宅した。それからの周蔵は、父を見習い、勤倹努力して
家運の繁栄に力を尽くした。信仰心が篤かった。安政２年
（1855）４月、52歳で死去した。良寛より46歳年下。

　　《良寛さんの独り言》

　家族の人たちも、まわりの人たちも、周蔵さんにはほ
とほと困っている。19歳にもなるのだから、心を入れ替
えて、まともな生活をしてほしいものだ。

　やっと勘当が解けたのだから、一刻も早く帰って来る
ことだ。そして、家族の者やまわりの人たちを安心させ
てあげることだ。

　私も、たまたまこの問題に関わってしまい、まわりの
人たちと協力して、元右衛門さんの一時の怒りを和らげ
ようと努めた。

　お陰で、勘当を解いてもいいということになった。そ
こで、私が代表して、周蔵さんに手紙を書いた。

　私の手紙を読んで、改心してくれるかな……。

《付記》

　木村家の跡取り息子の周蔵は、19歳の時に、何らかの理由で勘当された。恐らく、裕福な息子に有りがちな、遊興に耽り過ぎたからであろう。勘当されると、周蔵は、母親の実家の大矢家に駆け込んだ。

　木村家も大矢家も、どうしたらいいか困ってしまった。たまたま木村家を訪問した良寛に相談した。そして、良寛に息子への手紙を書いてもらうことにした。

　良寛の努力によって、周蔵は無事に家に帰ることができた。

　この手紙が書かれたのは、良寛が木村家の邸内の庵に移り住む4年前のことである。木村家が、最晩年の良寛の世話をしたいと申し出たのは、この時の恩に報いたいという思いが強く有ったからであろう。

木村家

(49) 原田鵲斎宛

<ruby>鵲 斎老人<rt>じゃくさいろうじん</rt></ruby>　　　　　良寛

此の四月十六日、<ruby>光枝<rt>みつえ</rt></ruby>老人、死去致され候。

其の事は、<ruby>渡部<rt>わたべ</rt></ruby>、<ruby>酒造右衛門<rt>みきえ</rt></ruby><ruby>殿方<rt>もんどのがた</rt></ruby>へ申し来たり候。

御知らせ申し上げ候。　　　以上。

何事も　　みな昔とぞ　なりにける

涙ばかりや　　形見ならまし

　　六月十七日

《私訳》

この4月16日に、大村光枝老人が死去されました。

そのことは、渡部村の阿部酒造右衛門（<ruby>定珍<rt>さだよし</rt></ruby>）殿の所へ連絡が入りました。

御知らせ申し上げます。　以上。

（短歌）

何事も、みな昔のことになってしまった。亡くなられた人を偲んで流す涙だけが、あの人の形見なのであろう。

　　6月17日

《人物紹介》

　　原田 鵲斎——中島村の医師・原田有則である。蒲原郡真木山の庄屋の三男として生まれ、良寛とともに、大森子陽の漢学塾で学んだ。江戸で学問を修めた。その時に、歌人で国学者の大村光枝と親しくなった。中島村で医師をした。鵲斎と号し、詩歌に秀でていた。早い時期から良寛との親交が深かった。文政10年（1827）2月、65歳で死去した。良寛より5歳年下。

《良寛さんの独り言》

　大村光枝さんは、本当に素晴らしい方だった。私より6歳ほど年上だった。

　あの人に教えられて、私は『万葉集』の本当の素晴らしさを知った。もう15年以上も昔のことになる。

　鵲斎さんと親しかった光枝さんが、越後に来て、しばらくの間、鵲斎さんの家に滞在していた。その時に、二

人で私の五合庵を訪れてくれた。そして、私たちは、三人で歌を詠み合った。本当に楽しかったなあ。

《付記》

　何故、大村光枝の死去の知らせが、光枝と親しかった原田鵲斎に直接届けられなかったのか。どうした訳で、初めにその知らせが阿部定珍にもたらされ、それを定珍が良寛に知らせ、続いて良寛が鵲斎に知らせるということになったのか。

　その理由は、次のようなものであった。

　鵲斎の子の正貞は、江戸へ勉学に出掛け、光枝の世話になった。しかし、正貞を世話する金品の問題で、それまで親密であった二人の間が微妙になってしまっていた。そのために、光枝の死亡の知らせは、先ず阿部定珍にもたらされた。定珍も、江戸に留学中に、光枝の知遇を得ていたからである。

　江戸の大村光枝が、原田鵲斎（友則）に会うために越後にやって来たのは、享和元年（1801）7月であった。光枝は、原田家に数日間宿泊した。そして、二人は、国上山を登って五合庵を訪れた。そして、粗末な庵で一夜を共に過ごし、三人で歌を詠み合った。

(50) 原田正貞宛

正　貞老　　　　　良寛

老いぬれば　まことをぢなく
なりにけり　我さへにこそ
驚かりぬれ

　僧も、此の冬は、寒気に負け、心持ち
悪しくなり候ところ、この頃は、寒さも
少し緩み、続いて快気致し候。
　折から、酒、煙草、砂糖、葛粉、並び
に御歌、賜り、思ほえず老心を慰め候。

我さへも　雪気の風の　堪へなくに
訪はせる君か　老いのみにして
　　十二月十八日

《私訳》

（短歌）
年を取ると、本当に意気地が無くなってしまうものだ。自分自身のことを考えても、そのことがはっきりと分かる。

私も、この冬は、寒気に負けてしまって、気分がすぐれませんでした。しかし、この頃は、寒さも少し緩みましたので、それに伴って、体調も良くなりました。
そうした折も折、お酒、煙草、砂糖、葛粉、並びに御歌を贈って頂き、思いがけないことで、老いて心細くなった私の心を慰めてくれました。
（短歌）
山の生活に慣れた私でも、雪が降ってきそうな風の冷たさには堪えられないのに、寒い山の中を訪ねて来てくれるのは、心優しいあなたか、それでなければ、私の身に必ず訪れる老いだけですよ。

12月18日

《人物紹介》

　原田正貞——原田鵲斎の三男。寛政2年（1790）に真
木山で生まれた。江戸で勉学した後、医業を継いで、中
島の地に住んだ。詩歌に巧みで、良寛や由之とも親交が
深かった。嘉永6年（1853）3月に、64歳で死去した。
良寛より32歳年下。

---《良寛さんの独り言》---

　正貞さんには和歌の添削をしてあげているが、そのお
礼かどうか知らないが、たくさんの品々を贈ってくれる。
　私の大好きな酒や煙草、それに貴重な砂糖や葛粉まで
贈ってくれた。有り難いことだ。
　私も、年を取って、この頃は、すっかり意気地が無く
なってしまった。こんなふうに優しく気を遣ってもらう
と、私の気弱な心が、どんなにか慰められることだろう。
　砂糖を入れて葛湯を作って飲むことにしよう。体が暖
まるだろう。

《付記》

　冒頭の和歌は、紙面の余白に小さな字で書き加えられ
たものである。

最後の和歌は、正貞が作った和歌を良寛が添削したものとも考えられる。そうだとすると、歌の意味は、《私訳》とはかなり異なったものになる。

　結句の「老いのみにして」は、「老いの身にして」となり、良寛が、老いた身体で、正貞の家を訪れたことになる。意味はこうなる。

「若い私でさえ、雪が降ってきそうな風の冷たさが堪えきれないのに、良寛様がこの寒さの中を、わざわざ私の家を訪れて下さった。老いた身体で、この寒さの中をやって来て下さったのだ」

　どちらかと言うと、こう考えた方がいいような気がする。

良寛遺愛の茶椀　こしの千涯画

148

第3部
利　行

(51) 三輪権平宛

三輪権平老　　　　　良寛

　寒さ、いや増しに候へども、御健勝に
お凌ぎあそばされ候や。

　野僧、無事に日を送り候。

　先日は、『万葉』、辱く存じたてまつり候。

　今日、御返済つかまつり候。

何卒、次をお貸し下されたく候。

　新潟へ参り候のも、取り集めてお貸し
下さるべく候。

　未だ参らず候はば、其の内また、人を
差し上げ申すべく候。

　その折に、お貸し下さるべく候。

　十一月月末までには、大方、御返済つ
かまつるべく候。　　早々。　　敬具。

　十月二十九日

破れ衣を　有りのことごと　着ては寝れども　山もとの　小笹葺く屋は　寒くこそあれ

《私訳》

　寒さが一層厳しくなりましたが、ご健勝にお過ごしでしょうか。

　私は、無事に日を送っております。

　先日は、『万葉集略解』を貸していただき、本当に有り難うございました。

　本日、ご返却致します。

　何卒、次の巻をお貸し下さい。

　新潟へ貸し出されていたものも、取り集めて、お貸し下さい。

　まだ戻っていないなら、その内に、また使いの者を差し向けます。

　その時に、お貸し下さい。

　11月の月末までには、殆ど全部をご返却致す積もりです。　　早々。　　敬具。
　　　　10月29日

（旋頭歌）

　破れた着物を、有る限り、着て寝ているのだが、山の麓に在るこの庵は、屋根に笹を葺いただけの粗末なものだから、透き間風が吹き込んで、とても寒く感じられることよ。

《人物紹介》

　三輪権平——三輪家は、与板の回船問屋で、大坂屋と号した。越後屈指の富豪であった。権平は、三輪家9代・長凭であり、嘉永5年（1852）9月に、56歳で死去した。良寛より39歳年下。

——《良寛さんの独り言》——

　寒さが厳しくなった。今住んでいる乙子神社の小屋は、屋根が笹の葉で葺かれているので、冷たい風が吹き込んで来て、寒くて堪らない。小屋に有る全部の着物を引っ被って寝るのだが、それでも寒くて仕方がない。早く春にならないかなあ。

　権平さんから借りることのできた分の『万葉集略解』は、直ぐに読んでしまい、今日、返却することにした。残りの巻は、新潟の玉木勝良さんに貸してあるということだ。早く取り戻してもらって、一日でも早く私に貸し

153

てくれるように催促しておいた。

《付記》

　『万葉集略解』にの借用については、(25)(27) の阿部定珍宛の手紙と、(57) の維馨尼宛の手紙を参照してほしい。

三輪家別亭　楽山苑

（52）　三輪権平宛

　　　権平老　　　　　　　　良寛
　　　ごんぺいろう

　寒天の節、如何お暮らしあそばされ候
　かんてん　　せつ　　いかが

や。

　野僧、無事に罷り過ごし候。
　や そう　　　　まか

　今日、人あげ候あひだ、『万葉』残り、

一、二、三、十四の下、お貸し下された

く願い奉り候。　　　敬具。
　　たてまつ

　　十一月十三日　　　　　　良寛

《私訳》

　寒々とした冬空の時節ですが、どのようにお暮らしで
しょうか。
　私は、何事も無く、安穏に過ごしています。
　今日、使いの者を伺わせました。『万葉集略解』の残
りの、「一巻」１冊、「二巻」１冊、「三巻・上下」２冊、
「十四巻・下」１冊を貸して下さるようお願い申し上げ
ます。　　　敬具。
　　11月13日　　　　　　良寛

155

---《良寛さんの独り言》———

　三輪権平さんから『万葉集略解』を数冊ずつ借りて読んで来た。未だ借りていない巻も残り少なくなってきたが、早く全巻読み終えたいものだ。
　今日、使いの者を遣って、まだ読んでいない分を貸してもらうように頼んだ。全部、権平さんの所に有るといいのだが……。

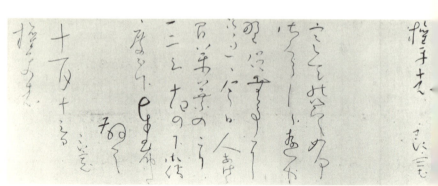

「権平老」宛　良寛

(53) 三輪権平宛

三輪権平老　　　　良寛

厳寒の節、如何お暮らしあそばされ候や。

　野僧、無事に罷り過ごし候。

　然らば、『万葉略解』、三の上下、十四の下の巻、御返済つかまつり候。御落手下さるべく候。

　一、二の巻、新潟より御取り寄せあそばされて、御拝借願い奉り候。

　御状を添へ、寺泊外山、地蔵堂中村、両家の中、出し置きなされ候はば、滞り無く、お届き申すべく候。　　以上。

　　十一月

《私訳》

　厳しい寒さの時節、如何お暮らしでいらっしゃいますか。

　私は、無事に過ごしています。

　ところで、『万葉集略解』の「三巻・上下」、「十四巻・下」を返却致します。どうぞ、お受け取り下さい。

　「一巻」と「二巻」を新潟から取り寄せて、私に貸して下さるようにお願い致します。

　私に届けるようにという御手紙を添えて、新潟からの『万葉集略解』を、寺泊の外山家、地蔵堂の中村家、両家のどちらかへ送って戴ければ、滞りなく私の所に届きます。　　　以上。

　　11月

《良寛さんの独り言》

　『万葉集略解』も残り2巻になった。その2巻は、権平さんが新潟に貸し出したものだ。早く返却してもらい、一刻も早く、私に届けてもらいたい。読みたくて読みたくて仕方がない。

(54) 三輪九郎右衛門宛

三輪九郎右衛門老　　　良寛

左一老遺物、並びに、酒、味噌、恭しく受納つかまつり候。

野僧、今月五日、中山に住庵つかまつり候。

来春、御面談申し上ぐべく。　　爾々。

敬白。

　十月十六日

《私訳》

　三輪左市様の遺品、並びに、酒、味噌、謹んで受納致しました。

　私は、今月の5日から、出雲崎の中山村の西照坊に住んでおります。

　来年の春には、お目に掛かって、いろいろお話ししたいと思っています。　しかじか。　敬白。

　10月16日

《人物紹介》

　三輪九郎右衛門——与板の回船問屋・三輪家8代長行。
三輪権平（三輪家9代）の義兄である。文化10年（1813）
10月に死去した。享年不明。

┌─《良寛さんの独り言》─────────────────
│
│　今日、左市さんの遺品が送られて来た。左市さんが亡
│くなって、もう5カ月になる。彼ほど気の合った人は、
│今までいなかったし、これからも現れないだろう。
│
└─────────────────────────────

《付記》

　少年の頃から無二の親友だった三輪左市は、文化4年
（1807）5月に47歳で亡くなった。良寛が50歳の時であっ
た。その遺品が届けられたのである。
　良寛は、常に左一と表記していた。
　その頃、良寛は、国上山の五合庵を離れて、中山の庵
寺・西照坊にいた。
　なぜ出雲崎の中山村にいたのか。当時、弟の由之が出
雲崎町民に訴えられており、その紛争を心配し、弟の近
くにいて、何かと力になってやりたいと思ったのだろう。

(55) 三輪左市宛

三輪左一居士　　　　良寛

光照寺の御隠居、破了和尚、病気にて、
飛脚参り、出雲崎へ帰り候。

其の後へ、お尋ね下され、面談に及ば
ず、残り惜しく存じ奉り候。

いささか偈を以て、書札に換へん。

　　早訪師兄病（早くに師兄の病を訪はんと）

　　得々携瓶之（得々瓶を携へて之く）

　　海濶一雁遠（海濶くして、一雁遠く）

　　満山秋木時（満山、秋木の時）

《私訳》

　光照寺の御隠居である破了和尚が病気になり、そのこ
とを知らせる飛脚が来ましたので、私は、出雲崎へ帰っ
て、光照寺を訪問しました。

　私が出雲崎へ出発した後に、あなたが、私をお訪ね下
さったので、お目に掛かってお話しすることもできず、

161

とても残念でなりません。

そこで、詩偈を贈り、あなたの手紙の返事とさせてもらいます。

（漢詩）

朝早く、兄弟子の病気をお見舞いするために、てくてくと、浄瓶を携えて出掛けて行った。

広々とした海の彼方を、雁が一列になって遠ざかって行き、山の方を見れば、木々が一面に色づいて、今まさに秋も最中であった。

《人物紹介》

三輪左市——三輪家6代・多仲長高の末弟である。大森子陽の漢学塾で共に学んだ仲で、若い時から良寛と深く交際していた。剛勇な性格で、大坂で米の取引に携わって名を上げる反面、僧侶のような穏やかな生活を送った。良寛の影響で、仏門に帰依し、良寛を師と仰いだ。二人は、互いに敬愛し合う心友であった。文化4年（1807）5月に死去した。享年は不明であるが、47歳であったと推定されている。良寛より3歳年下。

なお、良寛は、いつも左一と表記していた。

―《良寛さんの独り言》―

　左市さんと会えなくて残念だった。光照寺の破了和尚の病気のお見舞いに出掛けた後で、左市さんが、五合庵に来てくれたのだ。彼は手紙を置いていった。素晴らしい漢詩が書かれていた。彼の詩を読んで、私も、直ぐに詩が出来た。気に入ってもらえるかな。

《付記》

　「光照寺の御隠居破了和尚」は、良寛が剃髪した尼瀬の光照寺の住職である。良寛も、若い頃に、この破了和尚のもとで修行していた。22歳の時に、たまたまこの寺にやって来た備中玉島の円通寺の国仙和尚について得度し、そのまま、国仙に従って円通寺で仏道に励むことになった。

　なお、破了は、国仙の3番目の弟子であり、良寛は30番目の弟子であった。詩の中に「師兄」(法系上の兄弟子)とあるのは、そのためである。

　良寛が左市のことを詠んだ詩に「我に参ずること二十年」とある。20年ではないにしても、長い間、良寛の教えを受けていたことが分かる。

　良寛が生涯慕い続けた維馨尼は、左市の姪に当たり、小さい頃から良寛と親しかったと思われる。

(56) 三輪左市宛

三輪左一居士　　　　　良寛

別君知幾日（君に別れてより知んぬ幾日なるを）

起居心不平（起居、心、平らかならず）

寂々春已暮（寂々として、春、已に暮れ）

炎々暑正盛（炎々として、暑さ、正に盛んなり）

一庭只青碧（一庭、只だ青碧にして）

千峰総蝉声（千峰、総て蝉声のみ）

早晩接高談（早晩、高談に接し）

慰我斫額情（我が斫額の情を慰めん）

《私訳》

（漢詩）

　あなたと別れてから、幾日が経ったことだろうか。

　あなたに会いたくて、起きていても寝ていても、心が落ち着かない。

　ひっそりと、春は、もう過ぎ去ってしまい、

　　燃え上がるように、暑さは、まさに盛んである。

狭い庭は、ただ草木の葉の緑一色であり、
連なる山々は、すべて蝉の声で満ちている。
いつか折をみて、あなたに会って、お話を伺い、
　この、私の額も割れそうな激しい思慕の情を慰めたい
ものだ。

《良寛さんの独り言》

　左市さんとは、久しく会っていない。お元気だろうか。
もともと体が丈夫でない人だから、この初夏の暑さには
参っておられるに違いない。心配だな。

《付記》

　この良寛の手紙に対する左市の返事と思われるものが
残っている。
　まず「良寛尊者　三輪左市」とあり、続いて「春雨の中、
病に臥し、賦して寛上人に呈し、柬（手紙）に換ふ」と
書かれている。病気で寝ていることを知らせ、その後で、
漢詩を綴り、その中で良寛が訪問してくれるのを切望し
ている。
　二人の手紙には、まるで夏目漱石と病弱な正岡子規の
手紙のやり取りを連想させる深い友情が窺われる。

（57）維馨尼宛

維馨老　　　　　　良寛

先日は、久々にて御目に掛け、大慶に存じ奉り候。

僧も、此の頃、無事に帰庵つかまつり候。

今日、お話し申し候『万葉』借りに、人、遣し候。

権平老に、宜しきやうに御申し下さるべく候。

猶また、寒中、御保養第一にあそばさるべく候。

十月十日

《私訳》

　先日は、久しぶりにお目に掛かり、大変嬉しく思いました。

　私も、このほど、無事に庵に帰りました。

　今日、前にお話し申し上げました『万葉集略解』を拝借したいと思い、使いの者をそちらに遣わしました。

　本の所有者の三輪権平様に、宜しく御配慮賜りますように申して下さい。

　それから又、寒くなってきましたので、御保養第一に心掛けて下さい。

　　10月10日

《人物紹介》

　維馨尼（いきょうに）——三輪家6代・多仲長高（たちゅうながたか）の娘の「きし」である。良寛の無二の親友・三輪左市（さいち）の姪に当たる。小さい頃から、良寛と親しかった。良寛が円通寺で修行している時に、与板の山田杢左衛門重富（もくざえもんしげとみ）に嫁したが、間もなく死別した。生家に戻り、良寛や叔父の左市の影響で、徳昌寺（とくしょうじ）の虎斑和尚（こはん）の法弟となった。

　文政5年（1822）2月8日、58歳で死去した。彼女の訃報に接し、良寛は死を願うほど悲しんだ。良寛より7歳年下。

――《良寛の独り言》

　前に、維馨尼さんから、甥の権平さんが『万葉集略解』
を持っていることを聞いた。何とかして、早く読みたい
と思い、今日、使いの者を派遣して、維馨尼さんから権
平さんに直接話してもらって、手元にある本を借りるこ
とにした。うまく事が運ぶといいのだが……。

　維馨尼さんは、もともと体が丈夫ではない。だんだん
寒くなって来たので、体調を崩さないようにしてもらい
たいものだ。

《付記》

　江戸中期の歌人・国学者・書家の加藤千蔭は、万葉集
を研究していたが、松平定信の治政下、100日間の閉門を
命じられた際、『万葉集略解』（20巻）を著した。

　その『万葉集略解』が出版され、三輪権平が購入した。
そのことを、良寛は、親しい維馨尼から知らされた。良
寛は、読みたくて仕方がなくなり、『略解』借覧の希望を
維馨尼に告げて、便宜を図ってもらうことにした。

　この維馨尼宛の手紙は、まず阿部定珍の許に送られ、
定珍の所からの使いが、与板の三輪家へもたらした、と
考えられる。定珍宛の手紙を読むと、この間の事情が分
かる。

　「与板への書状（維馨尼宛の手紙）は十日の日付に致し

候あひだ、十日より天気次第に、人、遣（つかわ）され下さるべく候。大風呂敷一枚、小風呂敷一枚持たせて。（中略）もし、『万葉略解』を御覧じあそばされたく候はば、二、三冊、あとへ残しあそばさるべく候。お見了（みしま）ひなられ候はば、早速持たせ遣さるべく候」

　どうして、定珍に対して、良寛にしては珍しい強気の態度を取っているかと言うと、定珍が、自分の『万葉集』に朱注書き入れを良寛に頼んでいたからである。良寛は、朱注の書き入れを完璧なものにするために、どうしても『万葉集略解』を読んで参考にしたかったのである。

　なお、『万葉集略解』に関しては、阿部定珍宛の手紙（25）と、三輪権平宛の手紙（51）（52）（53）を参照してほしい。

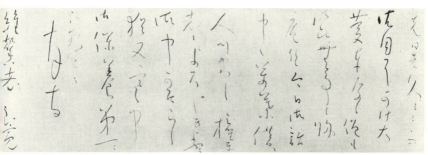

「維馨老」宛　良寛

169

(58) 維馨尼宛

維 馨 老　　　　　良寛
い きょうろう

　此の冬は、余り寒くもなく、無事に打ち暮らし候。

　僧庵あそばされ候はば、如何にござ候。
そうあん　　　　　　　　　　　　　いかが

　少し寒気を防ぐ御用心あそばさるべく候。

　来春、托鉢の折、参上つかまつり、御目に掛かり、お話申し上げたく候。
たくはつ　おり

　早々。　　　以上。

　十一月二十日　　　　　　良寛

《私訳》

　今年の冬は、余り寒くなく、無事に過ごしています。
　あなたは、お寺の道場に籠もられたそうですが、どんな様子でしょうか。
　少しでも寒気を防ぐよう、御用心なさって下さい。
　来年の春、托鉢でそちらに出掛ける時に、お寺に参上

170

して、お目に掛かって、いろいろとお話をしたいと思っています。　　早々。　　以上。
　　11月20日　　　　　　　　　良寛

《良寛さんの独り言》

　維馨尼さんは、今、与板の徳昌寺で、虎斑和尚の指導の下で、一生懸命に修行している。信仰心の篤かった叔父の左市さんが亡くなり、頼りにする人が無くなった維馨尼さんは、仏門に入って、生きる意味を深く考えたくなったのだろう。

　あの人は、体が余り丈夫でない。これから一段と寒くなって来ると、寒いお寺の修行は、体に応えるだろう。私は、そのことが気掛かりで仕方がない。

　絶対に無理をしてはいけない。厳寒においては、何よりも先ず、防寒の対策を立ててもらいたい。真剣に修行に取り組むことも大切だが、体の方がもっと大切だ。厳しい修行の結果、病気になってしまったら、何にもならない。

　春になったら、托鉢の途中に、お寺に立ち寄って、維馨尼さんとゆっくりお話がしたい。いつものように、にこやかに応対してくれることだろう。

《付記》

　三輪左市が亡くなった後で、良寛と維馨尼は、次のような歌を詠み合った。
　君なくて　寂しかりけり　この頃は　行き来の人は
　さわにあれども　良寛
　もみぢ葉の　散りにし人の　おもかげを　忘れで君が
　訪ふぞうれしき　徳充院(とくじゅういん)（維馨尼の別号）
左市の死を悲しむ二人の気持ちがよく表わされた歌である。そして、どんなに深く二人が互いに相手のことを思っていたかが、歌を通して強く伝わってくる。

　維馨尼の歌の「君」は良寛を指している。良寛の歌の「君」は、表面的には左市のことを指しているのは明白であるが、仏門に入ってしまった意中の女性のことも少しは含まれているような気がしてならない。

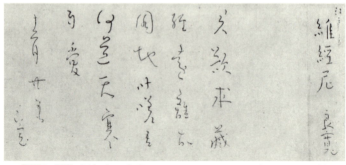

「維経（馨）尼」宛　良寛　　　　　　※次のページの手紙

(59) 維馨尼宛

　　　江戸にて　　維　経　尼　　　　良寛

　君欲求蔵経（君は、蔵経を求めんと欲し）
　遠離故園地（遠く故園の地を離る）
　吁嗟吾何道（吁嗟、吾、何をか道はん）
　天寒自愛　（天寒し、自愛せよ）
　　十二月二十五日　　　　　　　　良寛

《私訳》

　江戸にいる維馨尼様へ
　（漢詩）
　あなたは、師の大蔵経購入の費用を求めるために、
遠く故郷を離れて、江戸に出向かれました。
　ああ、私は、あなたに向かって何も言うことができません。
　寒い時節です。くれぐれも身体を大切にして下さい。
　　12月25日　　　　　　良寛

―《良寛さんの独り言》――――――――――

　維馨尼さんが江戸に行ってから、2カ月近く経つ。いつ帰って来るのだろうか。

　今は寒さも厳しいから、江戸からの長旅は無理だろう。帰郷は、早くても、来春になるだろう。遠い江戸で、風邪を引かないように注意してもらいたい。

　募金のために江戸まで出掛けた維馨尼さんの気持ちは貴いが、体を悪くしては何にもならない。絶対に無理をしないでもらいたい。

《付記》

　維馨尼の師の虎斑(こはん)和尚は、伊勢の松坂の書店に明版(みんぱん)の『蔵経』及び『続蔵経』の合計6,771巻があると聞き、文政元年（1818）10月27日に、それらを購入するために松坂に行った。代金は220両（現代のお金で約3千万円）であったが、虎斑は、資金に乏しく、50両しか持参することができなかった。

　残りの金額を調達するために、維馨尼は、江戸へ募金のために出掛けたのであった。しかし、思うようにお金が集まらなかったのか、帰郷が遅れていた。

　なお、良寛は「維馨」を「維経」と表記することもあった。

(60) 維馨尼宛

与板大坂屋　維馨老尼　　良寛

正月十六日夜
春夜二三更（春夜、二三更）
等間出柴門（等間、柴門を出づ）
微雪覆松杉（微雪、松杉を覆ひ）
孤月上層巒（孤月、層巒に上る）
思人山河遠（人を思へば、山河遠く）
含翰思万端（翰を含めば、思ひ万端たり）

月雪は　いつはあれども　ぬば玉の
今日の今宵に　なお知かずけり

《私訳》

　与板の大坂屋経由　維馨尼様へ　　　　　　　良寛
　　正月（1月）16日の夜
（漢詩）
春の真夜中にふらりと庵から外に出た。
　わずかな量の雪が、松や杉の木立を覆い、美しく輝く一輪の月が、連山の上で明るく光っていた。
　あなたのことを思った。山河を隔てた、遠くにいるあなたのことを。
　筆を持つと、あなたへの思いが溢れて、胸がいっぱいになる。
（短歌）
　月や雪は、いつ見ても、素晴らしいものですが、今日という日の、この夜に見る月や雪の美しさは格別ですよ。

一輪の月

《良寛さんの独り言》

　維馨尼さんは、未だ帰って来ない。

　風も無く、あまり寒くもなかったので、真夜中に、ふらりと外に出てみた。連山に、微かに雪が積もっていた。月も雪も山々も、清らかで、美しかった。

　そして、私は、清らかで美しい維馨尼さんのことばかり思っていた。

　手紙を書こうと思って、庵に戻った。

　筆を手にして、書き始めた。

　ああ、思慕の情が胸いっぱいに溢れた。

《付記》

　この手紙を書いた時期、良寛は、山中の五合庵を離れて、山麓の乙子神社の小屋に住んでいた。月に照らされた田舎の道を歩きながら、遥かな江戸から帰らない、愛する維馨尼のことを思っていたのだろう。

　この手紙には、「正月（１月）16日」という日が特別に強調されているような気がする。

　先ず、手紙が「正月十六日夜」と書き始められている。文末に書かれていてもいい日付が、わざわざ、詩の題のように冒頭に書かれている。

　それから、歌であるが、「今日の今宵に」と書かれている。「今宵」だけでいいのに、わざわざ、「今日の今宵」

177

と強調されている。

この「正月16日」というのは、維馨尼の誕生日だったのだろうか。それとも、二人だけの特別の日だったのだろうか。この日付を書くことによって、良寛の溢れる思いが、維馨尼に伝わったのだろうか。

なお、維馨尼は、この時の江戸滞在で、苦労を重ねたため、帰郷してから重い病気になった。そして、数年後、58歳で死去した。

愛する人の死を知って、良寛は嘆き悲しんだ。良寛の心の痛みは、妹の最期を見取った時の宮沢賢治の悲痛に匹敵するほど激しいものだった。

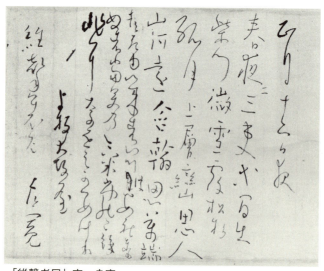

「維馨老尼」宛　良寛

(61) 山田杜皐宛

杜皐老　　　　　良寛

年内、素麺、賜り候。

此の十六日、隣家へ参り、賞味つかま

つり候。

其の美味さ、今に忘れかね候。　　早々。

以上。

　　正月二十日

《私訳》

　年の暮れに、素麺を頂戴しました。
　この16日に、隣の家へ持参して、賞味致しました。
　その美味しかったこと、今でも忘れられないほどで
す。　　早々。　　以上。
　　正月（1月）20日

《人物紹介》

　山田杜皐——与板の町年寄で、酒造業を営んでいた山
田家９代・太郎兵衛重翰である。俳諧や絵を愛し、杜皐
と号した。天保15年（1844）１月、71歳で死去した。良
寛より16歳年下。

─《良寛さんの独り言》───

　杜皐さんが贈ってくれた素麺を、一人で食べるのは勿
体ないので、16日に、隣の家に持って行って、料理して
もらい、そこの家の人たちと一緒に食べた。
　その美味しかったこと！　今日、杜皐さんに礼状を書
いた。

《付記》

　素麺は、昔、表立った晴れがましい日の御馳走であっ
た。良寛は、一人で食べるのは勿体なく思い、隣の家に
持って行き、一緒に食べた。その隣の家とは、世話になっ
ていた木村家のことか、あるいは、裏門から近い家であっ
たと思われる。
　良寛は、手紙の中に「其の美味さ、今に忘れかね候」
と書いている。よほど美味しい素麺だったのであろう。

(62) 山田杜皐宛

　　　山田杜皐老　　　　　　良寛
　　　　やまだ　とこうろう

　新春の御慶、目出度く申し納め候。
　　　ごけい　　　　　　　　　おさ

　去冬は、しのぶ、賜り、歓喜の至りに
　きょとう　　　　　　たまわ

堪へず候。
た

　然らば、御状拝見つかまつり候ところ、
　しか　　　　ごじょう

筆紙にては、分かり難く候。
ひっし　　　　　　がた

　御面談の節、お話申し上ぐべく候。
　　　　せつ

　正月二十日

《私訳》

　新春のお慶び、本当に目出度いことでございます。

　去年の冬は、忍草を頂戴しまして、もう大喜びを致し
　　　　　　　しのぶぐさ

ました。

　ところで、お手紙を拝見致しましたが、書面でお話し

ても、よく分からないと思います。

　今度、お目に掛かった時に、お話し申し上げることに

します。

　正月（1月）20日

181

┌─《良寛さんの独り言》─────────────

　少し遅くなったが、杜皐さんの所へ、新春の挨拶を届
けた。

　去年の冬に贈ってもらった忍草のお礼も書いておいた。
あの時は、嬉しくて嬉しくて堪らなかった。

　手紙に書かれていた質問は、なかなか込み入ったもの
なので、書面で説明しても、そんなに簡単には理解して
もらえないと思う。今度会った時に、詳しくお話すると
知らせておいた。

└─────────────────────────

《付記》

　杜皐から贈られた「忍草」は、具体的にはどんなもの
だったのだろうか。

　『ブリタニカ大百科事典』の説明。

　「シノブ科の夏緑性シダ植物。日本、朝鮮南部、中国に
分布する。淡褐色の鱗片に密に覆われた、やや太い根茎
が長く、樹幹や岩の上を這う。葉は30センチ前後になり、
葉身は三角形状。シノブ玉やシノブ風船にして観賞され
る。名称は、土の無い岩上などに生えるため、『耐え忍ぶ』
という意味」

　杜皐が贈ったのは、根茎を絡み合わせて「忍ぶ玉・釣
り忍」として軒下などに吊して観賞するものだったのだ
ろうか。それとも、五合庵の庭に植えるために、常緑多

年草の「軒しのぶ」が贈られて来たのだろうか。

　良寛は、別の杜皐宛の手紙で「忘れ草」や「アカザ」の「種」を所望している。そこで、この「忍草」は、その「種」を指しているとも考えられる。

　しかし、良寛の喜びの大きさから推測すれば、やはり、見事な「忍ぶ玉」が贈られて来たのだろう、と私は思う。

良寛遺愛の手まり

(63) 山田杜皐宛

　　　杜皐老　　　　　　良寛

　此の頃は、踊り手拭、賜り、恭しく納
め参らせ候。

　諸共に　踊り明かしぬ　秋の夜を
　身に病の　居るも知らずて

　　　文月二十五日　　　　　　すがた

《私訳》

　先日は、踊り用の手拭を頂戴し、謹んで受け取りまし
た。
　（短歌）
　里の人々と一緒になって、秋の一夜を踊り明かした。
老いた体に、病気が取り付いているのも忘れて、私は、
夢中になって踊った。
　　　文月（7月）25日　　　　　すがた

┌─《良寛さんの独り言》────────────────┐

　先日、杜皐さんから、踊り用の手拭が贈られて来た。
嬉しかった。
　15日には、その手拭を持って盆踊りに出掛けた。そし
て、病気のことも忘れて、一晩中、里の人たちと踊り明
かした。
　これが最後の盆踊だと思って、大好きな踊りを、思
う存分楽しんだ。

└────────────────────────┘

《付記》

　良寛は、踊りが大好きだった。良寛が死ぬ前年の７月
に、杜皐は、踊り用の手拭を贈った。その頃、良寛の病
気は重くなり、腹痛や下痢が激しくなっていた。しかし、
７月15日、病状も少し良くなったのか、良寛は盆踊りに
出掛け、病気も忘れて、徹夜で踊り通した。短歌の中の
「身に病の居るも知らずて」が痛々しい。
　良寛は、杜皐宛の手紙に、山田家の人たちが良寛に付
けた渾名を書くことがあった。托鉢に出ていて日焼けし
ているので「からす」、夕方に酒を求めてやって来るので
「ほたる」といった渾名が付けられていた。この手紙の
「すがた」は、踊りの好きな良寛が姿人形の格好をよくし
ていたために、付けられたものである。

185

(64) 山田杜皐宛

山田杜皐老　与板　　　　　　良寛

地震は、まことに大変に候。

野僧、草庵は、何事無く、親類中、死人も無く、目出度く存じ候。

うちつけに　死なば死なずて　長らへて　かかる憂き目を　見るが侘しさ

しかし、災難に逢ふ時節には、災難に逢ふが良く候。死ぬ時節には、死ぬが良く候。

是はこれ災難を逃るる妙法にて候。

かしこ。

臘八　　　　　良寛

《私訳》

　与板の山田杜皐様へ
　地震は、まことに驚くべきものでした。
　私の草庵は、何の被害も有りませんでしたし、親類の
中で死んだ者もおらず、その点は、目出度いことだと
思っています。
　（短歌）
　あの地震によって、出し抜けに死ねたら良かったの
に……。死なないで、生きながらえて、このような辛い
目を見ることになってしまい、私は、どんなに辛く、苦
しいことか。
　しかし、考えてみると、災難に逢う時には、災難に逢
うのが良いのです。また、死ぬ時には、死ぬのが良いの
です。
　こう考えることが、かえって、災難を避けるための最
良の方法になるのです。　　かしこ。
　　臘月（12月）８日　　　　　　良寛

《良寛さんの独り言》

　あの地震は、本当に凄いものだった。あんな激しい揺れを感じたのは、生まれて初めてだった。幸いに、島崎村は、全壊した家屋も無く、私の草庵も無事だった。

　出雲崎の家の者も、弟の由之も、他の親戚も、誰一人として死んだ者がいなかった。それは、不幸中の幸いと言わねばならない。

　私は、古希を迎えた老人だ。あの地震で、あっと言う間に死んでしまった方が良かった。生きながらえたために、多くの人の苦しみを見ることになってしまったからだ。長生きなんか、少しも嬉しくない。辛いばかりだ。

　私は、昔から、天真に順応して来た。自然に逆らっても、ろくなことは無い。大雪や台風や豪雨といった自然の猛威を、私は、粗末な小屋で凌いで来た。ひたすら耐えていれば、自然の威力も、やがては過ぎ去るものだ。何とかしようと無理に逆らえば、却って、被害を受けたり、死を招くことになる。

　こうした私の人生観を、杜皐さんに書き送った。私の考えが、あの人に、うまく伝わるといいのだが……。

《付記》

　ここに書かれている「地震」は、文政11年（1828）11月12日に、栄町（現在の三条市）を中心にして発生した地震である。マグネチュード7.4と言われている。

　杜皋の住んでいた与板町の被害も甚大だった。全壊家屋264軒、死者34人、負傷者118人、死馬7頭であった。

　手紙の中の「人間は、災害に逢う時には逢うのが良く、死ぬ時には死ぬのが良い」という言葉は、地震によってもたらされた被害者たちの絶望や苦悩を無視した、自己中心的な無慈悲な考え方だと受け取られる恐れがある。しかし、良寛は、自然に従うのが最も良い生き方だと説いているのである。

　この地震に出会った時、良寛は70歳であった。その数年前に、山での生活が困難になり、慣れ親しんだ国上山を去り、木村家の招きに応じて、島崎村の草庵で余生を送っていた。

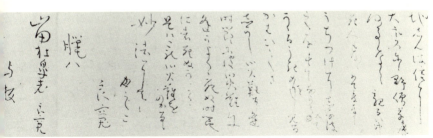

「山田杜皋老」宛　良寛

（65）およし宛

山田屋　およしさ　　　　　　ほたる

布子一つ、此の度、御返し申し候。

寒くなりぬ　今は蛍も　光無し

黄金の水を　誰か賜む　　　　蛍

　神無月

《私訳》

　山田屋のおよしさんへ　　　　　　ほたるより
　木綿の綿入れを一着、この度、お返し致します。
（短歌）
　冬に入って、寒くなって来た。
　今は、夏に活動する蛍も、力を失って、光る元気も無
い。
　あなた以外で、誰が、黄金の水であるお酒を与えて元
気づけてくれる人が有ろうか。そんな人は、この世にい
るはずが無い。あなただけですよ。　　　蛍
　神無月（10月）

《人物紹介》

　およし——この女性については、正確なことがよく分かっていない。山田杜皐家の女中の名前ではないかと言われたり、杜皐の妻・よせのことではないかと言われている。私は、手紙の内容から考えて、杜皐の妻の「よせ」のあだ名が「およしさん」だったと考えている。

　良寛とは非常に気が合った女性で、二人は冗談ばかり言っていた仲だった。

《良寛さんの独り言》

　借用していた綿入れを返すために、およしさんに手紙を書いた。

　ついでに、近いうちに立ち寄るから、お酒を飲ませて欲しいと書いておいた。

　およしさんは、気の良い女性だから、たくさん飲ませてくれるだろう。

　寒い時に飲む酒ほど美味しいものは無い。

《付記》

私は、こんな空想をして、一人で楽しんでいる。
——山田杜皐の妻のよせは、仲の良かった良寛に向かって、「お酒をたくさん飲むのは、およし」とか、「冗談を言うのは、およし」とか言ってばかりいた。そこで、良寛は、「あなたは何でも、およし、およし、って言うんだね。それなら、あなたのことを『およしさん』と呼ぶことにしよう」と言って、「およし」というあだ名を付けた。
二人は楽しそうに笑った。
良寛が「およしさん」と呼びかける。すると、相手は「何ですか、ほたるさん」と答える。そして、二人は声を出して笑い合う。

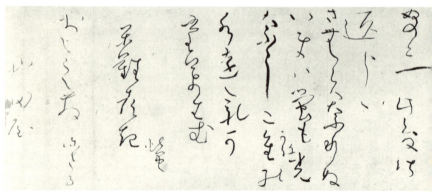

「およし」宛　良寛

(66) 鈴木隆造（天放老人）宛

天放老人 （てんぽうろんじん）　　　　　良寛

蕭条老朽身 （蕭条たり、老朽の身）

借此草庵送歳華

　　　　　（此の草庵を借りて、歳華を送る）

来春如有命 （来春、如し命有らば）

鳴錫一過夫子家

　　　　　（錫を鳴らして、一たび夫子の家に過らん）

《私訳》

（漢詩）

　寂しく老い衰えてしまった身のまま、私は、この国上山の草庵を借りて、歳月を過ごしている。

　来年の春になっても、もし、未だ命が有ったなら、錫杖を鳴らしながら、あなたの家をちょっと訪れよう。

《人物紹介》

鈴木隆造——蒲原郡粟生津村の医師。「桐軒」または「天放老人」と号した。詩文をよくし、弟の文台とともに良寛と親しかった。詩集6巻がある。嘉永4年（1851）4月に58歳で死去した。良寛より36歳年下。

《良寛さんの独り言》

年末に、隆造さんから、漢詩の手紙を貰った。嬉しかった。

あの人は、医師をしながら、実に立派な詩を作る。豊かな文才に恵まれている。

私も、彼の手紙に答えるために、詩を作った。しかし、何だか、物寂しいものになってしまった。

《付記》

天放老人こと鈴木隆造の家は、国上山から6キロほど離れた粟生津村にあった。歩いて1時間余りで行ける距離である。

良寛は心楽しく夢見ている。——暖かい春になったら、足取りも軽く托鉢に出掛け、名医でもあり、秀れた詩人でもある鈴木隆造さんの家に立ち寄ろう。早く春にならないかなあ。

(67) 鈴木隆造（天放老人）宛

鈴木 隆 造君　　　　　良寛

　先日は、御紙面、辱く拝見つかまつり候。

　『太白集』、前に一覧つかまつり候。

　『子美全集』、御覧あそばされて後、拝覧つかまつりたく候。

　溝の観国老人にも、予て其の事申し置き候。

　千峰凍雲合（千峰、凍雲合し）

　万径人跡絶（万径、人跡絶ゆ）

　毎日只面壁（毎日、只だ面壁し）

　時聞灑窓雪（時に聞く、窓に灑ぐの雪）

　　十二月九日　　　　　良寛

《私訳》

　先日は、お手紙を有り難く拝見致しました。
　あなたがお持ちの『李太白集(りたいはく)』は、前に一度見せてもらいました。
　『杜甫全集(とほ)』の方は、あなたがご覧になった後で、私も、拝見したいと思っています。
　あらかじめ、そのことについて、『杜甫全集』の所有者である溝古新(みぞこしん)の観国和尚には、私の方から話しておいてあります。
（漢詩）
　あらゆる山は、冷たい雲と合体し、
　全ての小道は、人の往来が無くなった。
　私は、毎日、ただ壁に面して坐禅をし、
　時々、窓に吹き付ける雪の音を聞いているだけだ。
　　12月9日　　　　　　　良寛

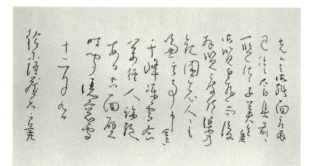

「鈴木隆造君」宛　良寛

《良寛さんの独り言》

　私は、寒山の詩が一番好きだが、李白と杜甫の詩も大好きだ。

　鈴木隆造さんの持っている『李白集』は、前に一度借りて読んだことがある。

　今、隆造さんは、溝古新の清伝寺の観国和尚から『杜甫全集』を借りて読んでいる、とのことだ。私も、読みたくて読みたくて仕方がない。

　観国和尚には、隆造さんが読んだら、その次は私が借りて読むことを承知してもらった。そこで、隆造さんに、読み終えたら、私の方に回してもらうように頼んでおいた。早く読みたいものだ。

《付記》

　良寛は、蔵書が無かったので、他人の所蔵の書物を借りて読んでいた。読みたい本のことを耳にすると、玩具を欲しがる幼児のように、貸してもらえるまで、執念深く相手にせがむのが常であった。鈴木隆造も、この良寛の手紙を読んだら、未だ詩集を読み終えていなかったとしても、直ぐに良寛の所へ送ったのではないだろうか。

　「毎日只面壁　時聞灑窓雪」には、詩集が届かないので、仕方なく、坐禅ばかりしているのだ、といった良寛のあきらめ切れない心の屈折が表現されているように思われ

る。

　物事に淡泊だと思われている良寛だが、読みたい本に関しては、実に執念深かった。何とかしてその本を借りることができると、良寛は、全神経を集中して読んだにちがいない。そして、大切な箇所を、全て頭の中に叩き込んだにちがいない。

　蔵書があると、人は、何時でも読めると思って、かえって熱心に読まないものである。飲食に関しても、知識に関しても、ある程度の欠乏がないと、本当にその人の身につかないものかも知れない。

　良寛は、身辺に、余分なものを置かなかった。その日に足る物だけで満足していた。それでいて、あるいは、それだからこそ、良寛は、豊かな人生を送り、豊かな知識を身につけることができた。

弥彦山系

(68) 鈴木陳造 (文台) 宛

ちんぞうろう
陳造老　　　　　良寛

冬日蕭々晴復陰
とうじつ しょうしょう　　　　　ま　くも
（冬日、蕭々として、晴れ、復た陰り）

欲行不行暫彷徨
ほっ　　　　　　　　しばら ほうこう
（行かんと欲して、行かず、暫く彷徨す）

忽逢故人促対酌
たちま　　こじん たいしゃくうなが
（忽ち、故人の対酌を促すに逢ひ）

援毫難裁此時情
ごう ひ　さい がた　　　　　　　じょう
（毫を援くも裁し難し、此の時の情）

《私訳》

（漢詩）

　冬の日は、物寂しく、晴れたかと思うと、直ぐにまた曇ってしまう。

　托鉢に行こうとしたが、何となく気分が乗らず、行くのをためらっていた。

　そこへ丁度、あなたから、差し向かいで酒を酌み交わ

そうという誘いを受けた。

この時の嬉しい気持ちは、筆を以て表現することはできそうもない。

《人物紹介》

鈴木陳造——鈴木隆造の弟で、文台と号した。20歳の時に、江戸に遊学し、2年後に帰郷した。その後、長善館という塾を開き、数多くの門人を教育した。明治3年（1870）6月、75歳で死去した。良寛より38歳年下。

《良寛さんの独り言》

冬の日は、何となく物寂しく、天気もはっきりとしない。

今日も、托鉢に行こうかと思ったが、冬空を見上げながら、何となく行く気が起きず、ぐずぐずしていた。

すると、どうだ、陳造さんから手紙が来た。私と飲みたいと言うのだ。直ぐに、心が決まった。今日は、この学才豊かな若者と飲むことにしよう。

優柔不断な気分が、一瞬にして、明快になった。晴れやかになった。

嬉しいではないか。私は、若者が好きだ。特に、隆造さんの弟の陳造さんは、詩文の才能も有り、学殖も豊かだ。彼は、将来、必ず立派な学者になるだろう。

(69) 山田七彦宛

七彦老　七日市　　　　　良寛

年内は、百合苞、恭しく納め参らせ候。

世の中は　変はり行けども

さすたけの　君が心は

変はらざりけり

　正月十一日

《私訳》

　昨年の歳暮に、百合根の藁包み、謹んで受け取りました。

　（短歌）

　世の中は変わって行くけれども、あなたの心は、少しも変わらない。私のことを思ってくれるあなたの温かい心は、少しも変わることがない。

　正月（1月）11日

《人物紹介》

　山田七彦──七日市（新潟県長岡市）の庄屋。天領の庄屋筆頭であった山田家5代・権左衛門修富で、七彦と号した。娘の「ゆう」は、文化5年に良寛の甥の馬之助に嫁したが、文政8年（1825）8月に35歳の若さで亡くなった。七彦は、天保5年（1834）9月に73歳で死去した。良寛より4歳年下。

─《良寛さんの独り言》─

　七彦さんから百合根を頂戴した。私は百合根が大好きだ。そのことを知っていて、よく贈って下さる。有り難いことだ。

《付記》

　良寛は、七彦から時々書物を借りていた。こんな逸話が伝わっている。
　七彦から懐素の『自叙帖』（習字のお手本）を借りていた時のことである。
　ある夜、盗人が五合庵に入って、盗む物を探していた。夜具の中から見ていた良寛は、「何を持って行ってもよいが、そこにある法帖だけは勘弁してくれ。人から借りた

ものだから」と、何度も何度も頼んだ。

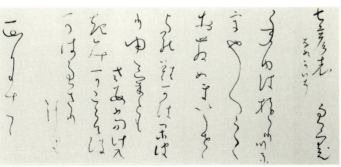

「七彦老」宛　良寛

第4部
同　事

（70）桑原祐雪宛

桑原祐雪老　　　良寛　寺泊より

　先日は、久々にて御尊顔を得、大慶に存じ奉り候。

　然らば、肌着を失念致し候やうに覚え候。

　もし、これ有り候はば、此の者に持たせ遣されたく候。　　以上。

　　三月下旬

《私訳》

　寺泊より
　先日は、久しぶりにお目に掛かることができ、大変嬉しく思いました。
　ところで、その時に、お宅へ肌着を忘れて来てしまったように思うのです。
　もしも、その肌着がお宅にありましたなら、この使いの者に持たせてやって下さい。　以上。
　　3月下旬

《人物紹介》

　桑原祐雪——島崎の医師。良寛が最晩年に身を寄せた木村家のすぐ斜め向かいに家があり、島崎川に面していた。昔、その川に住んでいた河童が、陸に上がって、危うく命を落としそうになった。桑原家の者に助けてもらった河童は、そのお礼に止血剤を持って来た。それ以後、桑原家は「河童医者」と言われ、大繁盛したという。良寛がその由来を記した「水神相伝」の作品が残っている。生没年不明。

――《良寛さんの独り言》――

　この間、祐雪さんの所に行って、いろいろ話してから、ついでに診察してもらった。その時に、どうも、肌着を一枚、着るのを忘れて来たような気がする。
　どうしても必要な肌着なので、持って来てもらうように使いの者に頼んだ。

《付記》

　この時、70歳の良寛は、島崎の木村邸内の草庵ではなくて、寺泊の照明寺の境内にあった密蔵院に居住していた。

(71) 桑原祐雪宛

桑原祐雪老　　　　　良寛

　私も、夏中、少々不快にて、服薬つか
まつり候。

　其の後、とかく力つかず候。

　四、五日以後、涼にまかり成り候ひて、
さっぱりと快気つかまつり候あひだ、御
安心下さるべく候。

　今日は、一樽下され、誠に珍しく賞味
つかまつり候。

　盆後に推参致し候節、御面談申し上げ
たく。　　　以上。

　　七月十四日

《私訳》

　私も、夏の間中、少し気分がすぐれなかったので、薬を服用していました。

　その後も、とかく体力が弱りがちでした。

　しかし、それから４、５日過ぎて、涼しくなったせいで、すっかり良くなりましたので、ご安心下さい。

　今日は、酒一樽を頂戴し、本当に美味しく飲みました。

　お盆が過ぎましたら、こちらから訪問致します。その節にお目に掛かり、いろいろとお話をしたいと思っています。　　以上。

　　７月14日

──《良寛さんの独り言》────

　明日の盂蘭盆のために、祐雪さんが、酒を一樽贈ってくれた。有り難いことだ。

　久しぶりに美酒を味わった。弱っていた体が、たちまち回復したようだ。

　明日の盂蘭盆は、祐雪さんの所も忙しいだろうから、お盆が過ぎてから訪問しよう。涼しい日に出掛けて行って、いろいろなことを話してこよう。

(72) 桑原祐雪宛

　　　桑原祐雪老　　　　　良寛

今日は、子足子、ご来光、御相承り、
大悦に存じたてまつり候。

　盗賊の難、世間の人の噂に候。

　涼しく成り候はば、参上つかまつりた
く候。　　以上。

　八月三日

《私訳》

　今日は、知足殿がお見えになり、彼からあなたのご様
子をお聞きし、大変嬉しく思いました。

　私が盗人の被害に遭ったというのは、世間の人の噂に
すぎません。

　涼しくなりましたら、お宅を訪問したいと思っていま
す。　　以上。

　8月3日

┌─────────────────────────────────┐
《良寛さんの独り言》
└─────────────────────────────────┘

　今日、島崎の庄屋の知足さんがやって来られ、祐雪さんのことをいろいろ話してくれた。

　私が盗難に遭ったことを、祐雪さんがひどく心配しているとのことだった。

　手紙には、人の噂にすぎない、と書いておいた。しかし、そうは思われないだろうな。涼しくなったら、祐雪さんの所に行って、詳しくお話することにしよう。

《付記》

　桑原家に伝わる話によると、盗人が入ったことは事実であったが、良寛は、祐雪に心配をかけたくなかったので、手紙に「人の噂に候」と書いた、ということである。

　後で、桑原家を訪問した時に、良寛は、他人の物を盗まなければ生きていけないような哀れな人に、自分の夜具を与えたのだ、と言った。

　原文では、良寛は「子足」と書いているが、恐らく「知足」の誤記であると思われる。知足は、島崎の庄屋・大谷地五右衛門の号である。

(73) 桑原祐雪宛

桑原祐雪老医　　　　　良寛

今日は、御遊来、大悦に存じたてまつり候。

仰せの如く、今年は、寒気も薄く、凌ぎやすく候。

僧も、先頃までは、不快にて、臥せてばかり居り候。此の間は、快く候。御安心下さるべく候。

例年の通り、炭、持たせ遣され、千万、有り難く候。

当年は、炬燵も出来候ひて、都合宜しく候。

並びに、御酒、一樽、恭しく拝受つかまつり候。　　以上。

《私訳》

　今日は、遊びかたがた草庵を訪ねて下さり、本当に嬉しく思いました。

　あなたが言われたように、今年は、寒さがそれほどではなく、凌ぎ易く感じています。

　私も、先日までは、体の調子が悪く、床に臥せってばかりいました。しかし、このところは、体調も良くなりましたので、ご安心下さい。

　例年のように、今年も、使いの人に木炭を持たせてお届け下さり、本当に有り難うございました。

　今年は、炬燵も出来ましたので、頂戴した木炭が使え、本当に好都合です。

　また、お酒を一樽、贈って頂き、謹んで受け取りました。　　　以上。

《良寛さんの独り言》

　今年も、祐雪さんから、上質の木炭が贈られて来た。有り難いことだ。

　何とか工夫して炬燵を作ったので、贈られた木炭を使うことにしよう。

（74）桑原祐順宛

祐順老（ゆうじゅんろう）　　　良寛

今日、唐紙（とうし）、遣（つか）わされ候へども、何になるのに候やら、知れ申さず候あひだ、先（ま）づ止め置き候。

野僧（やそう）が思はくならば、一枚唐紙書が勝（いちまいとうししがき）手（て）に候。

若（も）し、思（おぼ）し召（め）し、これ有り候はば、唐紙の截（き）りやうを仰（おお）せ下さるべく候。

十一月二十八日

《私訳》

今日、唐紙を送ってもらいましたが、これをどんなものにして欲しいのか、私には分かりません。そこで、ひとまず、そのままにしておきます。

私の考えでは、唐紙の一枚書きが都合が良いようです。

もしも、あなたのお考えが有りましたなら、唐紙の截

り方を仰しゃって下さい。
　11月28日

《人物紹介》

　桑原祐順《くわばらゆうじゅん》——島崎の医師。親交のあった桑原祐雪《ゆうせつ》の長男である。晩年の良寛と親しく交わっていた。生没年は不明。

―《良寛さんの独り言》――――

　今日、祐順さんから、唐紙が一枚届いた。書を所望されているのだろうが、何も説明が無いので、今のところ、どの大きさに書いたらいいのか分からない。
　まあ、一枚書きがいいだろう。手紙にその旨を書いておいた。
　この頃は、人に字を書いて上げるのが億劫になって来た。しかし、若い人に頼まれると、進んで書いて上げたくなる。不思議なもんだ。若者は、これから、ぐんぐん伸びて行く。求められたら、応えてあげなくちゃいけない。

(75) 中村権右衛門宛

中村権右衛門老　　　　　　良寛

『古事記』を二十日ばかり、御拝借下されたく候。

当秋、脱ぎ置き候布子は、綿を抜き下さるべく候。袷に致したく候故。

十月二十六日

《私訳》

『古事記』を20日間ほど、拝借させていただきたいと思います。

この秋に、お宅に脱いで置いてきた綿入れの着物は、中の綿を抜いて下さい。袷に仕立て直したいと思っていますので、よろしくお願いします。

10月26日

《人物紹介》

中村権右衛門——地蔵堂（新潟県燕市）の町年寄で、酒造業を営んでいた。良寛の父・以南の実家とは親戚であった。良寛は、少年の時に地蔵堂の大森子陽の塾で学んでいたが、家から遠く離れていたので、父の親戚のこの中村家に下宿していた。そんな関係から、代が変わっても、長い間親しく付き合っていた。権右衛門は、天保15年（1844）5月、59歳で死去した。良寛より28歳年下。

《良寛さんの独り言》

『古事記』が急に読みたくなった。他の用もあったので、中村家から借用することにした。20日ほど借りて、大切な所を筆写する積もりだ。

《付記》

良寛は、いろいろな物を、気楽に中村家に預かってもらっていた。托鉢で得た米や銭も預けておいた。

こんな手紙が残っている。「此の布子、御預かり下されたく候」。「米を此の人に遣し下されたく候。銭は御とどめ置き下されるべく候」

(76) 中村権右衛門宛

中村権右衛門老 （なかむらごんえもんろう）　　　　　良寛

　今日は、人、遣され（つかわ）、種々（しゅじゅ）、贈り下され、
辱（かたじけな）く候。
　其の時節、野中才（のなかさい）の上人（しょうにん）、参（まい）られ、濁（だく）
酒（しゅ）を飲み、病心（びょうしん）を慰め候。
　いかにして　暮らしやすらむ　これま
では　今年の冬は　まこと困りぬ
　十二月二十六日

《私訳》

　今日は、使いの人を私の所に遣わせて、いろいろな品
物を贈って下さり、本当に有り難うございました。
　この間、野中才（のなかさい）の坡丈上人（はじょうしょうにん）がやって来られ、二人で
濁り酒を飲みました。酒のおかげで、病気で衰えた心が
慰められました。

（短歌）

これまでの冬は、どのようにして暮らして来たのだろうか。今年の冬は、特別に寒くて、まことに困ってしまう。

12月26日

《良寛さんの独り言》

権右衛門さんの所から、いろいろな品物が贈られて来た。有り難いことだ。

先日、野中才の専念寺の坂丈さんが濁り酒を携えてやって来られた。美味しかった。『漢書』にも「酒は百薬の長」と書かれているが、本当にその通りだ。私も、飲んだ後、元気が出て来た。

《付記》

解良栄重の『良寛禅師奇話』に、次のようなことが書かれている。

坂丈は、俳諧や和歌に巧みであったが、書の拙いのを嘆いていた。それを聞いた良寛は「書の巧い拙いを気にしてはいけない。巧拙を意識せずに、自然に書けば良いのだ」と言った。それからは、坂丈は、気楽に良い字が書けるようになった。

(77) 貞心尼宛

貞心禅尼　　　　　良寛

先日は、眼病の療治がてらに、与板へ参り候。

その上、足、たゆく、腸、痛み、御草庵も訪はずなり候。

寺泊の方へ行かんと思ひ、地蔵堂中村氏に宿り、今に臥せり、まだ寺泊へも行かず候。

契りに違ひ候こと、大目に御覧じ賜るべく候。

秋萩の　花の盛りも　過ぎにけり

契りしことも　まだ遂げなくに

御状は、地蔵堂中村にて、被見致し候。

八月十八日　　　　　良寛

《私訳》

　先日は、眼の病気の治療を兼ねて、与板に行きました。

　悪いことに、さらにその上に、足もだるくなり、腹も
痛み出し、とてもあなたの草庵を訪ねることができなく
なりました。

　寺泊の方へ行こうと思い、その途中、地蔵堂の中村家
に泊めてもらいました。そして、そのまま床に臥せてお
り、まだ寺泊にも行っていません。

　あなたとの約束を果たせないでいますが、そんな事情
ですので、大目に見て下さい。

　（短歌）

　秋萩の花の盛りも過ぎてしまいました。萩の盛りに、
あなたの庵を訪問するという約束もまだ果たせないでい
るというのに……。

　あなたからのお手紙は、地蔵堂の中村家にて拝見致し
ました。

　　8月18日　　　　　　　良寛

《人物紹介》

　貞心尼——長岡藩士・奥村五兵衛の娘。俗名ます。寛政10年（1798）に生まれた。17歳の時に、医師の関長温と結婚したが、5年後に離婚。その後、尼僧となった。島崎に住む良寛を訪ね、親しく教えを受けた。良寛の死後、良寛の作品を収集し、良寛の歌集とも言うべき『はちすの露』を編集した。明治5年（1872）2月、75歳で死去した。良寛より40歳年下。

《良寛さんの独り言》

　もうそんなに長く生きられないと思うので、暇乞いのために、知人たちを訪ねることにしているが、今回は、貞心尼さんを訪ねることにした。島崎の草庵を出発して、山を越え、与板の町に出た。眼病の治療を受けた後、貞心尼さんのいる福島の閻魔堂に行こうとした。ところが、足がだるくなってきた。この状態では、とても福島まで歩けないと思い、閻魔堂を訪れることを諦めた。与板から船に乗って、地蔵堂の中村家まで行ったが、そこで、もう立っていることもできなくなった。それからずっと寝込んでいる。

　秋萩の花を見に行くと約束していたのに、行けなくなってしまった。貞心尼さんには悪いことをしてしまった。

　中村家で寝ていたら、貞心尼さんからの手紙が届いた。嬉しかった。早速、返事を書いて、事情を知らせた。

《付記》

　良寛は、この手紙を書いた1カ月ほど前の、文政13年（1830）7月上旬から体調を崩していた。激しい下痢に苦しみながら、各地の知人を訪れていた。そして、半年後の、翌年1月6日、木村家の草庵で、弟の由之や貞心尼などに看取られて死亡した。
　なお、現存する遺墨には宛名が無いが、「貞心禅尼」宛になっていたという。

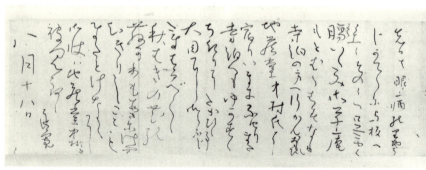

「貞心禅尼」宛　良寛

(78) 斎藤伊右衛門宛

斎藤伊右衛門老　　　　　良寛

白麦、りんご、酒一樽、恭しく受納つ
かまつり候。
　涼しくなり候はば、一夜がけに参上つ
かまつりたく候。　　以上。
　　六月晦日

《私訳》

　白麦、りんご、酒一樽、謹んで受納致しました。
　涼しくなりましたら、一晩がかりで参上したいと思っ
ています。　　以上。
　　6月30日

《人物紹介》

　斎藤伊右衛門——中島（新潟県燕市）の庄屋。少年時代、良寛と共に大森子陽の漢学塾で学んだ。国上山の近くに住んでいたので、良寛に種々の物を贈り、親しく交流した。和歌や俳諧に巧みであった。天保9年（1838）4月に76歳で死去した。良寛より5歳年下。

---《良寛さんの独り言》---

　斎藤伊右衛門さんから、白麦、りんご、酒1樽が贈られて来た。毎度毎度、貴重な品々を贈って頂き、本当に有り難いことだ。

　今は暑いから、遠慮することにして、もう少し涼しくなったら、夜にかかるようにして、出掛けることにしよう。夕方から話し始めても、何しろ近い所だから、話が弾んで、時刻がどんなに遅くなっても、ちゃんと五合庵に戻ることができる。

　伊右衛門さんとは、少年時代からの学友でもあり、お互いの気心も知り合っているので、本当に気楽に付き合える。阿部定珍さんもそうだが、こうした近くに住む友人を持って、私は、何と幸せだろう。

(79) 斎藤伊右衛門宛

斎藤伊右衛門老　　　　　　良寛

　先日、草庵へ御来臨あそばされ、酒一樽、恭しく納受つかまつり候。

　『万葉』、書き了り候あひだ、敦賀屋へ御返し下さるべく候。

　米も少なくなり候あひだ、賜るべく候。

　涼しくなり候はば、一夜がけに参上つかまつりたく候。　　以上。

　　九月十日

《私訳》

　先日は、草庵へお越しになり、ご持参の酒1樽、謹んで受け取りました。

　『万葉集』の筆写が終わりましたので、敦賀屋へ返して下さい。

　米も残り少なくなりましたので、頂戴したく思います。

　涼しくなりましたなら、一晩かけて参上したいと考え

ています。　　以上。

　9月10日

┌─《良寛さんの独り言》─────────────────

　『万葉集』を筆写した抄本が出来上がった。伊右衛門さ
んから頼まれていたのだが、やっと完成した。
　『万葉集』の本は、「敦賀屋」の鳥井直右衛門さんから
借りたものだ。私と直右衛門さんと伊右衛門さんは、少
年時代、大森子陽先生の塾で、共に机を並べていた。縁
というものは、不思議なもんだなあ。
　お米が無くなってきたので、恵んでもらうことにした。
　涼しくなったら、お話をするために、のんびりと出掛
けよう。

└───────────────────────────

　《付記》

　「敦賀屋」とは、出雲崎の町年寄だった鳥井直右衛門の
ことである。地蔵堂の大庄屋・富取家の三男で、大森子
陽の塾で良寛とともに学んでいた。その後、敦賀屋・鳥
井家へ養子に入った。
　良寛は、書物を所持していなかったので、必要な時に
は、他人から借用していた。

(80) 斎藤伊右衛門宛

斎藤氏　　　　　　　良寛

　今日は、人、遣され、便り承り、うれしく存じ奉り候。
　そうめん、蝋燭、掛物、米、酒、付揚げ、いご、品々、恭しく納受つかまつり候。
　以上。
　七月十四日　　　　　　　良寛

《私訳》

　今日は、使いの人を寄越され、便りを頂戴しまして、本当に嬉しく思いました。
　素麺、蝋燭、掛物、米、酒、付揚げ、海髪など、たくさんの品々を、謹んで受け取りました。　以上。
　7月14日　　　　　良寛

229

─《良寛さんの独り言》─

　伊右衛門さんから、実にたくさんの物を頂戴した。有り難いことだ。

　大森先生の塾で勉強していた時、私よりもずいぶん年下の伊右衛門さんが入門して来た。しばらく仲良く学んでいたが、名主見習役になるために、私は塾を辞めて、実家に戻った。それから、私の苦難の時期が始まった。円通寺での修行を終えて帰郷してからは、多くの学友から援助してもらって来た。

　特に伊右衛門さんは、五合庵に近い所に住んでいるためか、よく物を贈って下さる。回船業を営んでいる関係で、珍しい物も手に入るので、本当に色々な種類の物を贈って下さる。こんなに珍しい食べ物を口にすることができるなんて、私のような暮らしをしている人間には、夢のような話である。本当に有り難いことだ。

《付記》

　「掛物」は、掛軸ではなくて、乾菓子に砂糖を引いたもので、氷掛けの類である。

　「付揚げ」は、小麦粉の衣を付けて油で揚げた、今の天ぷらである。

　「いご」は、「いぎす」（海髪）の方言である。寒天の原料であるが、そのままでも食べられる。

（81）斎藤伊右衛門宛

斎藤老（さいとうろう）　　　　　良寛

此の間、暑気（しょき）、甚だしく候（はなは）。

如何（いか）お暮らしあそばし候や。

僧も、老衰致し、万事にものうく候。

此の間、由之老（ゆうしろう）より、長さ五寸位の瀬

戸掛花生け、使（つかい）に持たせ遣（つかわ）し候。

その形。（絵）

今のところ、野僧（やそう）には不用（ふよう）。

貴宅（きたく）に御用（おもちい）あそばされ下さるべく候。

近中（きんちゅう）に持参つかまつり候。

秋萩（あきはぎ）の　花の盛りも　過ぎにけり

契（ちぎ）りしことも　未だ遂（と）げなくに

　八月十一日　　　　　　　良寛

231

《私訳》

　このところの暑さは、本当に酷いものです。いかがお過ごしでしょうか。

　私も、年を取って、心身ともに衰え、何をするにも億劫になって来ました。

　先日、弟の由之より、長さが5寸（15センチ）位の瀬戸物の掛け花生けを、使いの者に持たせて寄越しました。その形は、こんなものです。（絵）

　今のところ、私は使う積もりはありません。お宅で使って頂けませんか。

　近いうちに持って参ります。

　（短歌）

　萩の花の盛りも過ぎてしまいました。花の盛りに時にお宅を訪問すると約束していたことも、未だ果たしていないというのに……。

　　8月11日

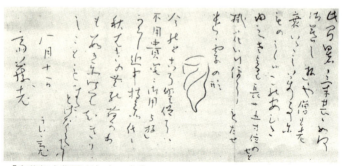

「斎藤伊右衛門老」宛　良寛

《良寛さんの独り言》

　少し涼しくなったら、何としても、伊右衛門さんの家を訪問したい。

　今まで、いろいろな物を贈っていただいたお礼として、由之から貰った花瓶を差し上げることにしよう。喜んで使ってもらえるといいのだが……。

《付記》

　弟の由之から貰った物とは言え、人から贈られた物を、別の人に使ってもらいたいと申し出ている。良寛は、老衰のために、適切な判断ができなくなってしまったのだろうか。それとも、伊右衛門が心から喜ぶような花瓶だったので、どうしても贈りたくなったのだろうか。

　この手紙は、死ぬ前年に書かれたものである。この年、死の近いことを自覚した良寛は、与板、地蔵堂、国上、寺泊などの知人の家を訪ね回っていた。義理堅い良寛は、病気に苦しみながら、地蔵堂から国上へ行く途中に、中島の伊右衛門の家に立ち寄り、約束していた花瓶を渡したことだろう。

　なお、短歌は、貞心尼に出した手紙（77）の中のものと同一である。

233

（82）隆全宛

宝塔院御隠居様　　　　良寛

此の度、三条の大変、承り、誠に恐れ入り候。

御尊体、如何あそばされ候や。

宝塔院御住持、如何あそばされ候や。

三浦屋、如何成り候や。もし、命、有り候はば、宜しく御伝言お頼み申し上げ候。

其の他、一一、筆紙に尽くし難く候。

此の方、大いに傷み候へども、野僧が草庵は、無事に御座候。御心安く思し召し下されたく候。　　早々。　　頓首。

霜月二十一日

《私訳》

この度は、三条で起こった大地震の被害の様子をお聞きし、本当に心配しております。

御隠居様は、如何なさっておられますか。

宝塔院の御住職様は、如何なさっておられますか。

三浦屋は、どうなったでしょうか。もし、生きておりましたら、よろしくお伝え下さいますようお願い申し上げます。

その他のことについては、とても一つ一つを書き切れない思いです。

こちらも、大きく破損はしましたが、私の草庵は無事でした。どうぞご安心下さいますように。　早々。　頓首。

　霜月（11月）21日

《人物紹介》

　　隆 全──長い間、三条の真言宗・宝塔院の住職をしていたが、晩年、隠居した。天保6年（1835）12月に死去した。年齢は不明である。

235

―《良寛さんの独り言》―

　11月12日に起こった地震で、中心地の三条の町は全滅したそうだ。隆全さんは助かったということを知ったので、今日、手紙を出した。

　三浦屋の遠藤幸助さんの安否が知りたい。生きているだろうか。息子さんも無事だろうか。親しい人たちだから、心配でならない。

《付記》

　文政11年（1828）11月12日に、越後の三条を中心に激しい地震が発生した。当時、三条の町は全滅したと言われた。

　三条の町だけで、全壊家屋2,535戸、焼失家屋1,004戸、死者4,032人、負傷者1,416人であった。

　良寛が住んでいた島崎は、全壊家屋は無く、良寛の庵も無事であった。

　「三浦屋」は、三条の菓子商、遠藤幸助のことである。「都羊羹」で名高かったという。俳諧を好み、錦水楼と号した。その子・元助も歌にすぐれ、父子ともに良寛と親しかった。次の三浦屋宛の手紙（83）を参照してほしい。

　なお、この大地震に関しては、阿部定珍宛の手紙（30）と、山田杜皐宛の手紙（64）を参照してほしい。

(83) 三浦屋宛

　　　三浦屋　　　　　　良寛

　先日遣され候ものは、庵の辺りの長四
郎と申す者の家へ預け置き候。
　やしゃびしゃは、前の大木の股に植ゑ
候。まことに付き候。　　　以上。
　四月十五日　　　　　　良寛

《私訳》

　先日届けていただいた品物は、庵の近くの長四郎とい
う者の家に預けました。
　ヤシャビシャクは、庵の前の大木の股に植えました。
すると、本当に根が付きました。　　以上。
　4月15日　　　　　　良寛

《人物紹介》

　三浦屋——三条二之町の菓子商、遠藤幸助である。明和
8 年（1771）に生まれ、俳諧を好み、錦水楼と号した。文
化人で、鈴木牧之や林甕雄などとも交わっていた。天保 5
年（1834）6 月に64歳で死去した。良寛より13歳年下。

――《良寛さんの独り言》――

　幸助さんに戴いて、半信半疑で、大木の股に植えてお
いたヤシャビシャクが、本当に根付いた。嬉しかった。
そのことを、手紙で知らせた。

《付記》

　三浦屋から届けられた物が何であったのかは、分から
ない。すぐに必要な物ではなかったと思われる。大きな
物で、狭い庵に置いておくには不便な物だったのだろう。
近くに住む長四郎という人がうまく管理できるような物
だったのだろう。

　「ヤシャビシャク」は、ユキノシタ科の落葉小低木。深
山に生じて、他の樹木に着生し、夏に青白色の花を開く。
天梅、天の梅とも言う。梅を愛した良寛は、天に咲く花
の名を持つ植物を珍しく感じ、乙子神社の境内の大木の
股に植えてみたのだろう。それが根付いたのである。

(84) 大関文仲宛

大関文仲老　　　　良寛

　此の度、御書き物、御親切にしたため下され候へども、野僧、元より数ならぬ身に候へて、世の中の是非得失の事、うるさく存じ、物に関はらぬ性質に候あひだ、お許し賜りたく候。

　然れども、何とて生涯一度御目に掛かり、心事、申し上げたく候へども、老衰のことなれば、しかとは申し上げられず候。

　中原元譲老子、わざわざ草庵へ御出であそばされ、お頼みなされ、誠に困り入り候。失礼千万。　　　以上。

　　四月十一日　　　　　　良寛

《私訳》

　この度は、親切にも私の伝記を執筆して下さいました
が、私は、もともと数えるに足りない人間でして、世の
中の是非とか得失に関する事などは、ただ煩わしいと思
い、物事に関わりを持たない性分です。そんな訳で、私
の事が書かれた本がこの世に残ることは嫌なのです。そ
の点、どうかお許し下さい。

　しかしながら、死ぬまでに、何とか一度お目に掛かっ
て、私が心の中で考えていることを申し上げたいと思っ
ています。しかし、私も、年老いて弱って来ましたので、
必ずお会いすると、はっきり申し上げることができませ
ん。

　中原元譲様が、わざわざ私の草庵へやって来られ、あ
なたの申し出を依頼なさいました。簡単に受諾する訳に
も行かず、本当に困り切ってしまいました。あれやこれ
や、大変失礼しました。　以上。

　４月11日　　　　　　　良寛

《人物紹介》

大関文仲（おおせきぶんちゅう）——上曲通（かみまがりどおり）（新潟市）の医師で、儒者でもあった。文政元年（1818）に『良寛禅師伝』を作る。出版の許可を良寛に求めたが、断られた。晩年、盲目となった。良寛や弟の由之と交流を持った。天保5年（1834）7月、54歳で死去した。良寛より23歳年下。

《良寛さんの独り言》

この間は、本当に困ってしまった。私の事など書く価値があるのだろうか。私は偉い人ではない。ごく平凡な人間だ。それなのに、文仲さんは、とても偉大な人のように描いている。恥ずかしくて堪らない。

私は、何の欲も無い。自然に順応して生きて来たし、自然に死んで行きたい。

人が喜んでくれるので、詩歌を作り、自作を書いて、人に与えて来た。私は貧乏で、衆生（しゅじょう）に与えられる物は何も無い。それらの書は、自分が与えることのできる布施（ふせ）だという思いで、人に差し上げてきた。人に褒められたり、自慢したくて書いているのではない。

それにしても、文仲さんは、私の生き方や考え方に大変興味を持っている。彼に会って、一度、ゆっくり私の過去や心中の思いを話したいものだ。私の本当の姿を知ってもらいたい。

《付記》

　冒頭の「御書き物」とは、大関文仲が文政元年（1818）頃に書いた「良寛禅師伝」のことである。物欲、金欲、名誉欲、権勢欲など、あらゆる欲望から離れて生きた良寛にとって、自分の伝記が残ることは、何の価値も無く、ただ煩わしいことだけであった。文仲は、目が不自由だったので、若い医師の中原元譲に頼んで、良寛の所に行ってもらった。代わりに来た若者に断りの言葉を述べている時の良寛の気持ちは、本当に複雑であっただろう。「誠に困り入り候」と書いている。

　中原元譲については、すぐ後で詳しく紹介する。

　さて、最後の「失礼千万」という文句が問題である。相手に対して書いたものか、それとも自分自身に対して発したものか。良寛は、手紙の中に興奮気味の文を書き並べたので、終わりになって、少し冷静になり、相手に対して失礼なことをしたと反省したのではないだろうか。

　同じ頃、鈴木文台も、良寛の詩集『草堂集』を出版しようとしたが、良寛の強い反対に遇い、実現しなかった。

　このように、良寛は、自分に関する書物を友人たちが出版しようとするのを強く拒絶していた。そうした事実から、私たちは、抜群の才能を持ちながらも、広く世間に知られることを欲しなかった良寛の潔い信念を知ることができる。

(85) 中原元譲宛

中原元 譲 老　　　　　良寛

暖気の節、如何お暮らしあそばされ候や。

　野僧も、此の程は、漸く快気つかまつり候。

　先頃は、私、留守に、痰の薬、宇治の茶、相届き候。

　此の度は、酒、南蛮漬け、恭しく納受つかまつり候。

　懐素の『自叙帖』の事は、書けば、長く成り候あひだ、此の人にお尋ね下されたく候。　　以上。

　三月二十九日　　　　　良寛

《私訳》

　暖かい季節になりましたが、いかがお暮らしでしょうか。

　私も、この頃は、ようやく体調も良くなって来ました。

　先日は、私の留守中に、痰の薬と宇治茶が届きました。

　この度は、酒、南蛮漬けを贈って頂き、謹んで受納致しました。

　懐素の『自叙帖』の事は、書けば長くなります。使いの人に説明しておきましたので、この人に聞いて下さい。　　以上。

　　３月29日　　　　　　　　良寛

《人物紹介》

　中原元譲——赤塚（新潟市）の医師で、儒者でもあった。17歳で江戸に遊学し、９年間学んで帰郷した。医業と同時に、子弟を集めて教育した。書や漢詩にすぐれていた。明治４年（1871）６月、80歳で死去した。良寛より34歳年下。

《良寛さんの独り言》

　元譲さんは、向学心に燃えている人だ。懐素の『自叙帖』について質問してきた。しかし、簡単に答えることができないもので、書けば長くなるので、使いの人に話しておいた。あの使いの人は、書に関しても知識が有って、私の説明を真剣に聞いていた。正しく伝えてくれるだろう。

　ずっと気管支が悪かったが、元譲さんが調合してくれた痰の薬が効いたのか、良くなって来た。有り難いことだ。

《付記》

　「南蛮漬け」は、酢と酒と塩を混ぜて煮詰めた汁に、魚や野菜などを漬けたものである。元譲は、鰯か川魚を漬けたものを贈ったと思われる。

　懐素の『自叙帖』（777年）は、中国の唐の時代の禅僧で書家であった懐素の筆跡の一つである。草書の名手として名高い彼は、他に『聖母帖』『草書千字文』などの筆跡を残している。良寛は、懐素を好み、彼の『千字文』を熱心に練習した。後に、その法帖を甥の馬之助に贈っている。

245

(86) 宗庵宛

宗庵老（そうあんろう）　　　　良寛

昨夜、五時分（ごじぶん）、丸薬（がんやく）を服（ふく）し候。

夜中、四度（よたび）、裏へ参り候。

初めは、渋りて、少々下（くだ）り、二、三度は、さつさと下り、四度目は、また少々下り候。

腹、痛み、口の中、辛（から）く、且（か）つ、酢（す）く候。

今朝（けさ）は、みな宜（よろ）しくなり候。

今朝は、臥せり候へて、参上（さんじょう）つかまつらず候。

さやうに思（おぼ）し召（め）し下さるべく候。

　八月十六日　　　　　　　　良寛

《私訳》

　昨夜、8時から9時頃に、丸薬を服用しました。

　夜中に4度、裏の便所に行きました。

　初めは、便意は催すのに、少ししか排便できませんでした。二度目と三度目は、さっさと排便し、四度目は、また少し排便しました。

　腹が痛み、口の中が辛く、しかも酸っぱい感じがしました。

　今朝になると、すっかり良くなりました。

　今朝は、床に臥せったままですので、参上致しません。

　このような次第であるとご承知下さいますように。

　　　　以上。

　8月16日　　　　　　　　良寛

《人物紹介》

　宗庵——寺泊の医師と言われているが、詳細は不明である。

―― 《良寛さんの独り言》 ――

　昨夜は、激しい腹痛に悩まされた。薬を飲んで寝たのだが、夜中に４回も便所に行くことになってしまった。

　初めの時は、大便が出そうで出なかった。２度目と３度目は、さっと出た。最後は、また少し出た。

　腹は痛くなるし、口の中は酸っぱくなるし、いやはや、大変な目に遭った。

　こんな体調では、とても寺泊の宗庵さんを訪れる訳にも行かない。約束していたが、訪問できない旨の手紙を書いて送った。

《付記》

　この手紙は、地蔵堂の中村家で病床に臥しながら、寺泊の医師・宗庵に宛てて書かれたものと考えられる。

　８月16日頃に寺泊へ行くと宗庵に約束していたが、病状が悪化したため、約束を果たすことができない、と断り状を書いた。そして、18日になっても、良くならなかったので、福島にいた貞心尼にも同じ趣旨の断り状を書き送った。貞心尼宛の手紙（77）を参照してほしい。

　良寛は、死ぬ前に、世話になった人々を訪問したいと思い、体調が悪いのにも拘わらず、いろいろな所を歩いていたのである。

　直腸癌を患っていた良寛は、この手紙を書いた４カ月

半後に亡くなった。

　人と約束することを嫌っていた良寛が、数人の親しい人に、最後の訪問をすると約束してしまっていた。約束を果たせないことが気になって仕方がなかったであろう。下痢の苦しみよりも、約束不履行の方がもっと苦しかったのではないかと思われて、私は、こうした手紙を読む度に、目頭が熱くなるのである。

こしの千涯画

（87）證聴宛

<ruby>證　聴　老<rt>しょうちょうろう</rt></ruby>　　　　　良寛

　先日は、ゆるゆるお話致し、<ruby>大悦<rt>たいえつ</rt></ruby>。

　今日は、酒、米、納豆、<ruby>石蓴<rt>あおさ</rt></ruby>、<ruby>芹<rt>せり</rt></ruby>、<ruby>賜<rt>たまわ</rt></ruby>り、

<ruby>恭<rt>うやうや</rt></ruby>しく<ruby>納受<rt>のうじゅ</rt></ruby>つかまつり候。

　<ruby>頃日<rt>ころひ</rt></ruby>、話し致し候<ruby>丹田<rt>たんでん</rt></ruby>を<ruby>修<rt>しゅう</rt></ruby>し、お<ruby>試<rt>ため</rt></ruby>し

あそばさるべく候。　　　以上。

　　二月一日

《私訳》

　先日は、ゆっくりとお話ができて、本当に喜ばしいこ
とでした。

　今日は、酒、米、納豆、<ruby>石蓴<rt>あおさ</rt></ruby>、<ruby>芹<rt>せり</rt></ruby>を頂戴して、謹んで
受け取りました。

　先日お話した、下腹部を整える法を、試しに行ってみ
られたら如何でしょうか。　　　以上。

　　2月1日

《人物紹介》

　證　聴——蛇塚（長岡市寺泊）の禅僧。詩歌に巧みで、貞心尼とも親交があった。天保2年（1831）8月に「良寛禅師碑銘并序」の文を書いた。国上山付近の山中に独居していたらしい。詳細は不明である。

《良寛さんの独り言》

　臍の下の丹田に力を入れると、元気が出ると教えられて、私もやっているが、本当に体の調子が良い。

　先日、證聴さんが来られて、何となく体調が良くないと言ったので、この丹田に力を入れる養生法のことを話してみた。

　今日、酒や芹などいろいろ頂戴したので、その礼状を書いた。その中に、丹田の方法を試してみるように勧めておいた。やってくれると良いのだが……。

（88）半僧宛

　　　　半僧老　　　　　　　良寛
　　　　　はんぞうろう

　先日、海松、賜り、久々にて賞味致し、
　　　　みる　　たまわ　　　　　　　しょうみ
其の日は、覚えず大酔つかまつり候。
　　　　　　　　　　たいすい
　以上。

　十一月二十一日　　　　　　　良寛

《私訳》

　先日は、海松を頂戴しまして、久しぶりに賞味いたし
　　　　みる
ました。その日は、思わず大いに酔ってしまいました。
　以上。

　11月21日　　　　　　良寛

《人物紹介》

　半僧――花見（燕市）の庄屋であった久保田伴蔵では
　はんぞう　　はなみ　　　　　　　　　　　　　　　　ばんぞう
ないかと考えられている。詳細は不明である。阿部定珍
の娘の「ます」が久保田家へ嫁している。

―《良寛さんの独り言》――

　半僧さんが、海松を贈ってくれた。久しぶりに食したが、本当に美味しかった。

　酒の肴として最高で、つい飲み過ぎてしまった。翌朝も、酔いが醒めず、頭がふらふらしていた。

　しかし、海松もうまいが、酒もうまい。こんなに酒が好きな私は、厳しさが強く求められる僧としては、失格だな。しかし、私は、「聖にあらず、俗にもあらず」の人間だから、時にはこうした酒の楽しさを求めても許されるだろう。

《付記》

　「海松」とは、海産の緑藻で、浅海の岩石に着生する。全体に濃緑色を呈し、高さは20センチほどである。食用。また、乾燥して、虫下しにも用いられた。

　海松を贈ったことから、この半僧という人は、海岸に近い所に住んでいたと考えられている。

　良寛は、人と一緒に飲むのも好きであったが、時には、独りで酔い潰れるほど飲むこともあったようだ。

(89) 大蓮寺宛

大蓮寺様　　　　　　　　良寛
〔だいれんじさま〕

　てまり、賜り、確かに受け取り参らせ
　　　　〔たまわ〕
候。

　殊に模様も美しくでき、喜び入り候。

　かしこ。

　十月四日

《私訳》

　手まりを贈って頂き、確かに受け取りました。
　とりわけ模様も美しく出来上がっていて、とても喜ん
でいます。　かしこ。
　10月4日

《人物紹介》

　大蓮寺——中島（燕市）の浄土真宗仏光寺派の寺であ
　〔だいれんじ〕
る。

《良寛さんの独り言》

　大蓮寺の奥さんが、自作の手毬を贈って下さった。有り難いことだ。
　模様が本当に美しい。やはり、女の人の作る手毬は、私の作る手毬と違って、細かい所まで神経が行き届いていて、見た目も美しいし、弾み方も素晴らしい。

《付記》

　刺繍模様の美しい手毬を贈られたことへの心の籠もった礼状である。
　子どもたちと楽しく遊ぶ良寛に、多くの女性が、手毬を作って贈った。良寛も自分で作っていた。そして、常に数個の手毬を袋や袂の中に入れて持ち歩いていた。
　大蓮寺は禅宗の寺ではなかったが、良寛は、托鉢の途中に時々立ち寄っていた。にわか雨でびしょ濡れになり、大蓮寺に駆け込み、寺の女の人たちに濡れた着物を乾かしてもらったことを書いた遺墨がある。
　また、同寺の境内で、良寛は、よく子どもたちと手毬をついて遊んでいたと言われている。

（90）庸右衛門宛

　　　　庸右衛門老　　　　　　良寛

　下駄一足。

　是は、山田へ遣され下さるべく候。

　赤い鼻緒の下駄も付けて。

　山田とは、蓮正寺の前の山田のことな

り。

　　三月二十二日

《私訳》

　下駄を一足。これは山田家へ持って行って下さい。

　赤い鼻緒の下駄も一緒に持って行って下さい。

　山田と言うのは、蓮正寺の前の山田杜皐さんの家のこ

とです。

　　3月22日

《人物紹介》

　庸右衛門——与板（長岡市）の人。文政4年（1821）
2月に「割元見習役」であったという記録が残っている。
詳細は不明である。

《良寛さんの独り言》

　山田杜皐さんの家で末娘の「うめ」ちゃんの祝い事が
あるので、庸右衛門さんに頼んで、普通の大人の下駄と
一緒に、縁起物の赤い鼻緒の下駄を贈ることにした。
　正しく届けてもらうために、「蓮正寺の前の山田」だよ、
と念には念を入れておいた。庸右衛門さんは、若いけれ
ど、しっかりしているから、ちゃんと持って行ってくれ
るだろう。

《付記》

　この祝い事が催されたのが、「うめ」が5歳か6歳の時
だったとすると、この手紙は、文政6年（1823）か7年
に書かれたことになる。その時、良寛は66歳か67歳で、
国上山の麓の乙子神社の小屋に住んでいた。
　蓮正寺は、浄土真宗の寺で、良寛筆の「法爾」の墓碑
がある。

（91）庸右衛門宛

庸右衛門老　　　　　　良寛

今日は、人、遣され、お申し越され候
『古事記』こと、また風邪を引き返し、二、
三日閉じ籠もり居り、一両日中に書き了
り、参上つかまつり候。
　品々、恭しく納受つかまつり候。
　以上。
　　十月二十九日

《私訳》

　今日は、使いの人を差し向けられ、その使いの人を通
して言って来られた『古事記』の件ですが、私は、また
風邪を引き返してしまい、2、3日、外に出ないで、部
屋に閉じ籠もっておりました。一両日中に書き終えて、
参上致します。
　いろいろな品物を贈って頂き、謹んで受け取りまし
た。　　以上。
　　10月29日

《良寛さんの独り言》

　風邪がぶり返したために、庸右衛門さんから頼まれていた『古事記』の筆写ができなかった。今日、使いの人が贈り物を届けに来た時に、『古事記』のことも聞かれた。風邪を引いていたために、何もできなかったことを手紙に書いて渡した。

　明日から書くことを再開して、明後日あたりに持って行くことにしよう。

《付記》

　当時、書物は貴重品であった。どうしても読みたい本は、筆写して、手元に所蔵していた。細字の得意な良寛は、よく筆写を頼まれた。世話になっている人から頼まれると、良寛は快く引き受け、暇を見つけては机の前に座った。

　『万葉集』や『法華経』の筆写が主なものであったが、ここでは『古事記』を頼まれている。ここでの『古事記』は、文化元年（1804）に出版された本居宣長の『訂正古訓古事記』であったと思われる。

(92) ちきりや宛

　　　ちきりや　　　　　　良寛

　手まり一つ、お贈り下され、うれしく
存じまゐらせ候。
　さすたけの　君が贈りし　新毬を
　つきて数へて　この日暮らしつ
　　二月二十一日

《私訳》

　手まりを一つお贈り下さり、嬉しく存じます。
　（短歌）
　あなたが贈ってくれた新しい手まりを、つきながら数
え、数えながらついて、この長い春の一日を楽しく過ご
しましたよ。
　　２月21日

《人物紹介》

　ちきりや——出雲崎の妓楼「睡龍館」を経営していた、ちきりや由右衛門である。俳諧をよくする風流人で、良寛の父・以南とも親しかった。この手紙が書かれた頃は、主人が亡くなっており、妓楼は廃業に近い状態であった。これは由右衛門の妻に宛てた礼状である。

《良寛さんの独り言》

　ちきりやの奥さんから、素敵な新品の手毬が贈られて来た。
　とてもよく弾む手毬で、私は、一日中遊び暮らしてしまった。今度、子どもたちに見せてあげて、この毬をつきながら、一緒に楽しく遊ぶことにしよう。

《付記》

　新しい手毬を贈られて、心から喜んでいる良寛の姿が目に見えるような手紙である。
　良寛がこれほどまでに手毬に魅せられたのには、何か深い理由があったに違いない。分かったようで、分からない、大きな謎である。

（93）宛名不明

寒天の節、如何お暮らしあそばされ候や。

野僧、無事に過ごし居り候。

然らば、木綿衣、無く致し、不自由に候。

木綿、二反、墨染めに為し、遣され下さるべく候。

ひとへに頼み入り候。　　　以上。

　十月五日　　　　　　　良寛

《私訳》

　冬の寒空の時節になりましたが、いかがお暮らしでしょうか。

　私は、無事に過ごしています。

　ところで、木綿の着物を無くしてしまい、不便で困っています。

　木綿の生地2反を、墨染めにして、届けて下さいませんか。

　ただただ　お頼み致します。　　　以上。

　　10月5日　　　　　　　良寛

―《良寛さんの独り言》―

蓑一つ着た旅の人が来て、何か着る物を下さい、と頼んだので、その時着ていた2枚の着物を与えた。着る物が無くなったしまったので、寒くて仕方がない。

昨夜は、布団の中に丸まって寝て、何とか寒さを凌いだ。

これから寒さが厳しくなるので、どうしても着物が必要だ。解良叔問さんに頼むしか、良い方法が無いので、木綿の墨染めの着物を所望することにした。

《付記》

宛先は、恐らく解良叔問であろう。大島花束の『良寛全集』には、解良家宛の部に入っている。

この手紙は、次の、題詞を持った歌と関係があると考えられている。

神無月の頃、旅人の蓑一つ着たるが、門に立ちて、物乞ひければ、古衣脱ぎて取らす。さて、その夜、嵐のいと寒く吹きたりければ、

　　いづこにか　旅寝しつらむ　ぬばたまの
　　夜半の嵐の　うたて寒きに

(94) 宛名不明

此の春は、泡盛、一箇、賜り、恭しく
納受つかまつり候。
風味、今に忘れ難く候。　　　以上。
　　閏三月二十五日　　　　　　良寛

《私訳》

　この春には、泡盛を一箇贈って頂き、謹んで受け取り
ました。
　その風味は、今でも忘れられません。　　以上。
　　　閏3月25日　　　　　　良寛

―《良寛さんの独り言》――――――――――――――

　片貝の佐藤左平次さんが贈って下さった泡盛は、さす
がに有名な泡盛醸造元だけあって、本当に美味しかった。
あの味は、ちょっとやそっとでは忘れられるものではな
い。
　少し遅くなったけれど、今日、礼状を出した。何だか、
もう一度贈って欲しいような内容になってしまった。

264

《付記》

　相馬御風(そうまぎょふう)は『良寛和尚尺牘(せきとく)』の中で、「これは、名物あわもり酒の醸造元である三島郡片貝・佐藤氏所蔵のものであるが、宛名は佐藤氏であったかどうか不明である」と書いている。

　佐藤家は、代々、佐平次と呼び、江戸時代から「あわもり」で有名であった。

　「泡盛」は、粟を原料とする酒である。粟の色素や油が出て、泡を生ずることから名が付いたと言われている。沖縄で産する蒸留酒の「泡盛」とは別の酒である。

　「閏三月」は、良寛の時代、文政13年（1830）にあった。従って、この手紙は、死ぬ前年の3月に書かれたものである。

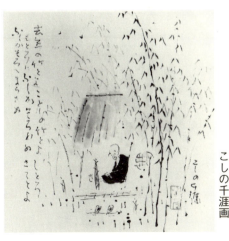

こしの千涯画

(95) 宛名不明

　雪の中に人を遣され候へども、近頃は、物書く事、すべて出来ず候。

　筆も、残らず、切れ果て候。

　たとひ有りても、手に執らず候。

　何処から参り候とも、皆みな、かくの如く候。　　以上。

　　霜月四日　　　　　　　　良寛

《私訳》

　雪の中に、お使いの人を差し向けられましたが、近頃は、私は、どんな書き物もすることが出来なくなりました。

　使っていた筆も、残らず全部、擦り切れてしまいました。

　仮に、使える筆が有ったとしても、もう手に執らないことにしています。

　どちらから要望が有りましても、皆、このようにお断りしております。　以上。

　　霜月（11月）4日　　　　　　良寛

《良寛さんの独り言》

　雪が盛んに降っている中を、藩主の牧野忠精殿が、家来を遣わして、私に書を書いて欲しいと言って来られた。困ったものだ。

　口頭で断ろうとも思ったが、使いの人が困るといけないので、手紙を書いた。

　私は、武士階級の人たちとは、一線を画して来た。私とは無縁な人たちだと思って来た。若い時に名主見習役をしたことがあったが、その頃から、武士は苦手だった。関わりたくなかった。

　牧野忠精殿は、私のことが気になるとみえて、時々、頼み事をされる。前にも、長岡に立派な寺を建ててあげるから、そこに住まないかと言われた事があった。その時には、五合庵の暮らしが最高です、と答えて、諦めてもらった。

　今度は、私の書を所望された。書くのは、何でもないが、今までの生き方や考え方を変えたくはない。分かってもらえたかな。

《付記》

　残されている手紙の字は、実に美しい。擦り切れた筆で書かれたものではない。

267

（96）宛名不明

　　　新潟

　　右の掛物、真偽_{しんぎ}は知らず、あまり面白
くは思はれず候。
　　尚_{なお}また、別人_{べつじん}に御見せあそばされて然_{しか}
るべく候。　　　以上。
　　霜月_{しもつき}二十八日　　　　　　　良寛

《私訳》

　この掛け物は、真偽は分かりませんが、あまり面白い
ものとは思われません。
　もっと別の人にお見せになった方が良いと思います。
　霜月（11月）28日　　　　　　良寛

┌─《良寛さんの独り言》─────────────────

　やれやれ、困ったものだ。この頃、私の書の偽物が出
回っているようで、私に真偽を鑑定してもらう人も現れ
た。いやはや、困ったものだ。

《付記》

　新潟の誰かが、良寛に掛け軸の鑑定を依頼した。それに対する返書である。

　良寛は、偽物であると断言しないで、他の人に見てもらうようにと勧めて、自分では真贋の断定を下さなかった。しかし、「あまり面白くは思われず」という部分否定の言葉によって、良寛が「偽物ですよ」と言いたかったことは明白である。

　「新潟」からの依頼人が誰かは不明であるが、新潟の知人としては、飴屋万蔵や歌人の玉木勝良などが知られている。

飴屋万蔵の看板「御水飴所」　良寛書

(97) 宛名不明

一筆、申し上げ候。
然らば、乙助、縛られ候はば、早く御
知らせ下さるべく候。

　　八日

《私訳》

　取り急ぎ、申し上げます。
　さて、もし、乙助が捕縛されたなら、その事を急いで
知らせて下さい。
　　8日

┌─《良寛さんの独り言》─────────────

　乙助は、どうしているだろうか。もうすぐ、役人たち
に捕まるに違いない。
　乙助には罪が無い。それは確実だ。
　まだ若いし、将来、立派な人間になって、世のために働
くことだろう。有為な人材だ。何とか命を救ってやりたい。
　役人に捕縛されたら、彼が無罪であることを弁護して
やりたい。

《付記》

「乙助」は、溝（燕市）の士族の溝口乙助のことだと言われている。

乙助は、或る事件によって、誤って打ち首になるところ、脱藩して身を潜めていた。藩の役人たちの追求が厳しくなって来たので、良寛は、もし、乙助が捕まったら、役人たちに会って、彼を弁護してやろうと考えていた。

良寛が、どうして乙助に関わるようになったか、よく分からないが、何らかの事情で乙助の冤罪を知り、その冤罪を晴らすために一役買って出たのであろう。

乙助は、文化11年（1814）に生まれたことは確かなので、この事件が、良寛の最晩年に起こったとしても、その時、乙助は15歳くらいの若者だった。そんな若者の命を救うために、年老いた良寛は全力を尽くしていたのである。

良寛が話した結果、役人たちも誤りを認め、乙助は釈放された。そして、安らかに生涯を終えた、と伝えられている。

(98) 宛名不明

此の人、一夜、御泊め下さるべく候。
ひと よ
良寛

《私訳》

この人を、一晩、泊めてあげて下さい。
良寛

《良寛さんの独り言》

世の中には、本当に可哀想な人がいるものだ。
今日会った旅人も、病気も重く、歩くのも痛々しい状態だった。
私も、この与板に来たところで、仮住まいの身だし、泊めてあげるわけにも行かない。そこで、親しい大坂屋に頼むことにした。
三輪さんは親切な方だから、私の頼みを快く引き受けて下さるだろう。

宛名不明　良寛

《付記》

　初めてこの手紙の写真を見た時、私は、心底から感動してしまった。

　ああ、良寛というのは、こういう人だったのだ。なかなか探り当てることができなかった良寛の本質が、その瞬間に分かったような気がした。

　何という美しさ。何という簡潔さ。何という温かさ。この短い手紙には、良寛という人間の全てが表出している。

　生きていて、こうした感動の瞬間を体験することは、滅多に無いことだ。正に、人生の至福の時であった。

　その日、私は、何度も何度も、この良寛の手紙を見た。そして、その度に「いいな、この手紙は。何と素敵な手紙だろう」と呟いていた。

逸話では、与板の回船問屋、「大坂屋」三輪家の、お椀の包み紙にこの手紙が用いられていたという。尊敬していた良寛の書簡を、そんなふうに使用することは、どう考えても、有り得ないことである。大切に保存していたに違いない。

　また別に、与板の宿屋であった「久須美家」に宛てられた手紙だとも言われている。泊まる所もない哀れな旅人に同情した良寛が、知り合いの宿屋へ一泊の依頼を申し込んだ。十分有り得ることだ。

　手紙文の簡潔さから推察して、私は、三輪家に出したものだと考えている。

三輪家の菩提寺・徳昌寺

(99) 宛名不明

　ハイ、コンチハ。
　なにとぞ、雑炊の味噌、一嵩、下され
たく候。
　ハイ、サヨナラ。

　　　　　　　　　　　　　　　良寛

《私訳》

　ハイ、コンチハ。
　なにとぞ、雑炊に使う味噌を、一かたまり、頂戴した
いと思います。
　ハイ、サヨナラ。

　　　　　　　　　　　　　　　良寛

┌─《良寛さんの独り言》────────────────────

　晩ごはんの準備をしていたら、雑炊に使う味噌が無い
のに気が付いた。
　遊びに来ていた子どもに頼んだら、その子は、喜んで
近所の家に走って行ってくれた。
　文面は、誰が読んでも分かるものにした。少し前にも、
味噌が無かった時に、同じような手紙を出した。その後
で、味噌を恵んでくれた人に会ったら、「とても面白い手
紙でしたね。家宝として大切にしております」と言って
いた。

《付記》

　良寛らしい、何とも微笑ましい、無邪気な手紙である。
　五合庵からだと、村里まで距離があるので、国上山麓
の乙子神社の草庵に住んでいた頃の手紙だと思われる。
　遊びに来ていた子どもに、近くの家に一走りしてもらっ
たのであろう。子どもも喜んで走ったであろうし、手紙
を見た村人も、笑顔で味噌を持たせたであろう。
　私は、この手紙の写真を見たことがない。相馬御風は
『良寛百考』の中で、「この手紙の字は、素敵に良い」と
書いている。何とかして、一度見てみたい。

（100）宛名不明

暇の時に、おさまの得手なものを画いておくれ。

花の上に、讃の出来るやうに、空けて。

《私訳》

　暇な時に、あなたの得意な絵を描いておくれ。
　花の上の方に、讃が書けるように、空けておいておくれ。

《良寛さんの独り言》

　書と絵画を頼まれたが、私だけのものでは面白くないので、二人の共同作品にしたいと思って、その旨を伝えた。
　何とか、花は描けた。その上に讃を入れたいので、空けておいてもらい、それ以外の余白の部分に、得意の絵を描いてもらうように頼んでおいた。

《付記》

　誰に書かれたものか、詳細は不明である。

　他の手紙には見られない、砕けた文体から考えると、かなり年少の親しい者に宛てて書かれたものだろう。甥の馬之助、解良叔問の末子の栄重、島崎の医師の桑原祐雪の長男だった祐順あたりが考えられる。

　しかし、良寛は、男性に出す手紙には、ほとんど候文で書いていて、こうした砕けた文体は珍しい。

　そう考えると、この手紙は、誰か親しい女性に宛てたものかも知れない。親戚か知人・友人の家の、絵の上手な娘に宛てて書いた手紙のような気がする。

蓮の花

良 寛 略 年 譜

1758（宝暦 8 ）	1 歳	出雲崎の町名主・山本家（屋号・橘屋）の長男として生まれる。幼名は栄蔵。父・泰雄（俳号・以南）23歳。母・おのぶ24歳。
1760（宝暦10）	3 歳	妹・むら（長女）生まれる。
1762（宝暦12）	5 歳	弟・泰儀（次男、俳号・由之）生まれる。
1764（明和元）	7 歳	大森子陽の塾・三峰館に入塾。以南は町名主になる。
1774（安永 3 ）	17歳	三峰館をやめ、関根家の娘と結婚するが、半年後に離婚。
1775（安永 4 ）	18歳	名主見習役になる。 7 月18日、家出を決行。
1778（安永 7 ）	21歳	弟の由之が山本家の跡を継いで名主見習役になる。
1779（安永 8 ）	22歳	越後を訪れていた円通寺の国仙和尚により得度し「良寛」となる。国仙に随行して、倉敷市玉島の円通寺に移り、修行生活に入る。
1783（天明 3 ）	26歳	母・おのぶ没。享年49。
1785（天明 5 ）	28歳	4 月、亡母の三回忌に帰郷。10月、観音院の宗龍に面会。
1786（天明 6 ）	29歳	以南は隠居し、弟の由之が25歳で町名主になる。
1790（寛政 2 ）	33歳	国仙より印可の偈を受ける。この頃より行脚を始める。

1791（寛政3）	34歳	3月、国仙和尚没。享年69。5月、大森子陽没。享年54。
1795（寛政7）	38歳	父・以南、京都の桂川に入水自殺。享年60。
1796（寛政8）	39歳	越後に戻る。糸魚川で病臥。郷本の空庵に仮住。
1797（寛政9）	40歳	この頃より、主に国上山の五合庵に住む。
1798（寛政10）	41歳	貞心尼生まれる。
1801（享和元）	44歳	歌人・大村光枝が良寛を訪れる。
1804（文化元）	47歳	弟の由之、使途不明金で出雲崎町民に訴えられる。
1807（文化4）	50歳	親友の三輪左市没。享年47。
1808（文化5）	51歳	知友の有願没。享年71。
1809（文化6）	52歳	儒学者・亀田鵬斎が良寛を訪れる。
1810（文化7）	53歳	由之に家財没収所払いの判決が下り、橘屋は消滅。
1811（文化8）	54歳	由之は石地に隠棲。
1812（文化9）	55歳	橘崑崙が『北越奇談』を刊行し、良寛を紹介。
1816（文化13）	59歳	遍澄が法弟になる。麓の乙子神社の草庵に移る。
1822（文政5）	65歳	維馨尼没。享年58。米沢藩見聞の旅に出る。
1826（文政9）	69歳	国上山を下りて、島崎の木村家敷地内の庵に移る。
1827（文政10）	70歳	秋、島崎にて貞心尼（29歳）と初めて会う。以後、交流を深める。
1828（文政11）	71歳	三条大地震発生。

1830（天保元）	73歳	夏より病臥。腹痛下痢ひどくなる。12月、良寛危篤の知らせが、由之、貞心尼に届けられる。
1831（天保2）	74歳	1月4日、由之来訪。1月6日、午後4時頃没。1月8日、葬儀。

※年齢は「数え年」です。
※松本市壽編『良寛　旅と人生』（角川ソフィア文庫）を参考にして作成しました。
※良寛が17歳の時に結婚し、間もなく離婚したという説は、未だ広く認められていません。

隆泉寺本堂前「良寛像」

お わ り に

　たとえば、こんなふうであったのだろう。

　一人の男の人が、雪の中を、荷を背負って、国上山の山道を登って行く。

　やがて、五合庵に着く。中に声を掛ける。

　「ごめんください。良寛さまは、いらっしゃいますか」

　「はい、はい、いますよ」

　「阿部さまから、年始のお祝いの品を届けに参りました」

　「これは、これは、ご苦労様。雪の中を、すまなかったね。今から礼状を書きますから、しばらく待っていて下さい」

　「良寛さま、早く書いて下さい。今日は、とても忙しいのです」

　「はい、はい、すぐに書き終えますよ」

　良寛さんは、硯に水を入れて墨を擦り、硬い筆の穂先を口に含む。そして、上と下の歯で柔らかくすると、すらすらと礼状を書き始める。

　《年始の御祝儀の品々、贈り下され、恭しく受納つかまつり候。……今日は、使の人、急ぎ候あひだ、御歌の返事も上げず候》

「さあ、書き終えましたよ。山道を下りる時には、十分注意して下さいね。阿部さんには、くれぐれもよろしくお伝え下さい」

使いの男は、別れの言葉を述べる。見送る良寛さんに深々と頭を下げる。それから、急ぎ足で雪の積もる山道を下って行く。

(13) の阿部定珍宛の手紙をめぐって、私が思い描く情景です。

また、たとえば、こんなふうであったのだろう。

日が暮れかかっている。乙子神社の境内で、元気な男の子が遊んでいる。神社の社務所を借りて住んでいる良寛さんが、その男の子に声を掛ける。

「ねえ、頼みたいことがあるのだけど、聞いてくれるかい」

「何だい、良寛さん」

「今、晩ごはんの準備をしていたら、雑炊に使う味噌が無いことに気が付いたんだよ。この紙に、《味噌を少し下さい》と書いたから、これを持って行って、どこか近い家で、味噌を貰って来てほしいんだよ」

「分かったよ、良寛さん。すぐ行ってくるよ」

「すまないね」

男の子は、その紙切れを手にして、走って行く。近く

の農家に着くと、そこのお婆さんに、良寛さんの手紙を見せる。お婆さんは、にこにこ笑って奥に入る。それから、味噌を少し持ってくる。それを男の子に渡す。

「いいかい、良寛さまにね、これからは、もっと早めに頼む方がいいよって言っておいておくれ」

「はーい、ちゃんと言っておくよ。ありがとう」

男の子は、笑いながら神社に向かって走り出す。

赤い夕陽が男の子の背中に当たっている。

（99）の宛名不明の手紙をめぐって、私が思い描く情景です。

良寛さんの手紙を訳したり解説したりする作業は楽しかった。全幅の信頼を置くことのできる谷川敏朗編『良寛の書簡集』が手元にあるし、訳しにくい箇所は『定本　良寛全集』の現代語訳を参考にすればよかった。楽と言えば楽な作業でした。

喜寿を迎えるほど長く生きてしまった私は、良寛という「永遠の人」を身近に感じながら生きて行けることを、心から喜んでいます。本当に有り難いことです。

今後、どんな厳しい余生が待っていようと、良寛さんと一緒なら、私は一日一日を心楽しく過ごすことができると思っています。そして、死を迎える時には、良寛さんが手紙の中で書いたように、「死ぬ時節には、死ぬが

良く候」という心境でこの世を去ることができるように
思っています。

　本書を刊行するのに数々の助言と励ましを与えて下
さった柳本雄司氏（全国良寛会副会長）に感謝の意を表
します。本当にありがとうございました。
　また、素朴な良寛の姿を描いてくれた息子の杉本荘一
に対して心からお礼を述べたいと思います。本当にあり
がとう。

　　　　　　　　平成28年 8 月　　　杉　本　武　之

杉本　武之（すぎもと　たけし）

昭和14年（1939）5月22日、愛知県碧南市に生まれる。
京都大学文学部フランス文学科卒業。
翻訳業を経て、小学校教師になるために愛知教育大学に入学。
25年間、西尾市の小中学校に勤務。
定年退職後、名古屋大学大学院教育発達研究科で学ぶ。
趣味は、読書と競馬と野菜作り。
〈主な著書と共訳書〉
『手まりつきつつ　私訳・良寛さんの歌（100首）』（考古堂）
『慈愛の人　良寛』（ちたろまん・中部経済新聞社）
『白い雲　私訳・良寛の漢詩（100篇）』（私家版）
『ウィリアム・ラヴェット』（私家版）
マックファーランド『神々のラッシュアワー』（社会思想社）
シェパード・ミード『Ｘ・Ｐで幸福を！』（早川書房）
マーガレット・ホッジェン『英国労働者教育史』（大学教育出版）

慈愛の風
良寛さんの手紙（100通）

2016年12月10日発行

著　者	杉本武之
発行者	柳本和貴
発行所	㈱考古堂書店
	〒951-8063　新潟市中央区古町通4-563
	TEL　025-229-4058　FAX　025-224-8654
印刷所	㈱ウィザップ

ISBN978-4-87499-855-7 C0092

好評　良寛図書　紹介　発行・発売／考古堂書店　新潟市中央区古町通4

◎詳細はホームページでご覧ください　http://www.kokodo.co.jp

ユニークな良寛図書

〔本体価〕

今だからこそ、良寛	いのちの落語家　樋口強	〈良寛さんと落語〉	1,400円
落語DVD　良寛ものがたり	樋口強・落語「母恋し」ほか　50分		2,000円
良寛をしのぶ　いろはかるた	布施一喜雄　絵	〈カルタ絵本〉	1,200円
良寛のことば―こころと書	立松和平著	〈良寛の心と対話〉	1,500円
良寛との旅【探訪ガイド】	立松和平ほか写真　齋藤達也文・地図		1,500円
良寛さんの愛語	新井満　自由訳	〈幸せを呼ぶ魔法の言葉〉	1,400円
良寛さんの戒語	新井満　自由訳	〈言葉は惜しみ惜しみ言うべし〉	1,200円
良寛と貞心尼の恋歌	新井満　自由訳	〈『蓮の露』より〉	1,400円
音楽CD　秋萩の花咲く頃	上記の恋歌を、新井満が作曲して歌う		1,000円
良寛に生きて死す	中野孝次著	〈生涯をかけた遺言状〉	1,200円
漱石と良寛	安田未知夫著	〈「則天去私」のこころ〉	1,800円
良寛の生涯 その心	松本市壽著	〈写真　多数挿入〉	1,800円
口ずさむ良寛の詩歌	全国良寛会編著	〈良寛の名詩歌を厳選〉	1,000円
若き良寛の肖像	小島正芳著	付　父　橘以南の俳諧抄〉	1,500円

歌・俳句・詩と、写真との二重奏

良寛の名歌百選	谷川敏朗著	〈鬼才・小林新一の写真〉	1,500円
良寛の俳句	村山定男著	〈小林新一の写真と俳句〉	1,500円
良寛の名詩選	谷川敏朗著	〈小林新一の写真と漢詩〉	1,500円

目で見る図版シリーズ

良寛の名品百選	加藤僖一著	〈名品100点の遺墨集〉	3,000円
良寛と貞心尼	加藤僖一著	〈『蓮の露』全文写真掲載〉	3,000円
書いて楽しむ良寛のうた	加藤僖一著	〈楷・行・草書の手本〉	2,000円

古典的名著の復刻

大愚良寛	相馬御風原著	〈渡辺秀英の校注〉	3,800円
良寛禅師奇話　解良栄重筆	加藤僖一著	〈原文写真と解説〉	1,400円